인공지능에
투자하고
싶습니다만

인공지능에
투자하고
싶습니다만

누구나 쉽게 시작할 수 있는
본격 **챗GPT**와 생성형 **AI** 투자 교과서

곽민정, 곽병열 지음

한스미디어

현명한 투자의 전제 조건은 철저한 시장 분석과 변화하는 흐름에 대한 현실 인식이다. 지금 우리 모두는 그 어떤 때보다 커다란 변화의 중심에 서 있다. 지금과 같은 혼란스러운 시장에서 변화의 동인과 방향을 꿰뚫고 정도를 걷는다는 게 쉽지는 않지만 그래서 더더욱 믿을만한 멘토의 조언이 필요하다. 여의도에서 가장 신뢰받는 애널리스트인 저자의 이번 책이 반가운 까닭이다. 인공지능이라는 미래의 실크로드를 여행할 때 반드시 곁에 두어야 할 벗이다.

- 노근창·현대차증권 리서치센터장

전설적인 아이스하키 선수 웨인 그레츠키는 "나는 퍽(아이스하키용 고무원반)이 있는 곳이 아니라 퍽이 가고 있는 곳을 향해 돌진한다"라고 말했다. 투자 역시 마찬가지다. 돈이 있는 곳이 아닌 돈의 흐름, 조금 더 크게는 산업의 흐름과 미래 트렌드의 방향을 읽어내는 것이 중요하다. 지금 전 세계에서 가장 중요한 산업의 흐름은 두말할 것도 없이 인공지능이다. 자칫 어렵게 느껴질 수 있는 인공지능과 관련된 산업, 그리고 투자의 미래를 이토록 명쾌하게 정리한 책의 발간을 반길 수밖에 없는 이유가 바로 여기에 있다. 모쪼록 보다 많은 분들이 이 책의 도움을 받을 수 있기 바란다.

- 박현욱·현대차증권 리서치센터 기업분석팀장

오랜 기간 여의도에서 테크 산업을 분석하며 많은 투자자에게 신뢰받아온 저자가 해박한 지식을 바탕으로 새롭게 부각되는 인공지능 산업에 대해 반짝이는 인사이트를 담아낸 책이다. 인공지능 산업에 투자하고 싶은 이들이라면 반드시 일독을 권하고 싶다.

- 곽찬·한국투자신탁운용 테크 담당 펀드매니저

이 책을 읽고 나서야 왜 수많은 기관 펀드 매니저들이 투자 보고서를 작성할 때 저자의 조언을 가장 먼저 듣고 싶어 하는지 알게 되었다. 인공지능이란 가장 뜨거운 이슈를 냉철하게 분석한 이 책은 여의도에서 가장 신뢰받는 애널리스트인 저자의 선명한 미래 인사이트로 가득하다. 중장기적인 관점에서 지금 투자를 시작하기 전에 꼭 읽어봐야 할 책임에 틀림없다. 경험 많은 투자자는 물론 일상의 영역에서 투자하려는 많은 이들에게 강력하게 추천한다.

- 김선민·현대차증권 법인영업팀 책임 매니저

인공지능은 과거 인터넷, 스마트폰과 같이 우리의 삶 형태를 완전히 바꿀만한 큰 혁신을 일으킬 가능성이 높다. 챗GPT는 이러한 인공지능 시대로 본격적인 진입을 맞이했다는 신호탄을 쏜 것으로 보인다. 인공지능으로 인해 단순한 사무 업무는 대부분 인공지능에 의해 대체될 것으로 예상되고, 다양한 산업에 영향을 미치기 때문에 커다란 혁신으로 이어질 것이다. 현재 인공지능에서 가장 가시적인 분야는 바로 의료. 기존에는 암을 포함한 질환을 발견하기 위해서는 X-ray, CT 등을 촬영한 후 의사가 직접 병을 확인해야 했지만 인공지능이 도입되면서 인공지능이 의사보다 더 높은 확률로 병을 진단해주고 있다. 한편으로는 생체 신호를 통해 사전에 심정지가 오는 것을 감지하여 환자의 생명을 지켜주기도 한다. 로봇 분야는 하드웨어의 발전을 소프트웨어가 따라가지 못하고 있었으나 인공지능으로 인해 로봇의 두뇌가 급속도로 발전하고 있다. 로봇은 인플레이션으로 가파르게 상승한 임금을 완화해주는 한편 생산성은 향상시켜주고 있다. 이러한 인공지능의 물결은 주식 시장에도 반영되고 있다. 국내 주식 시장에서 의료 AI 기업인 루닛은 270%, 뷰노도 350% 이상 상승했다. 챗GPT와 관련된 챗봇 및 음성 AI인 코난테크놀로지와 셀바스 AI는 200%, 솔트룩스도 100% 상승했다. 로봇도 삼성전자가 지분 투자한 레인보우로보틱스는 230% 상승했고, 자율이송로봇(AMR) 기업인 티로보틱스는 180% 상승했다. 다른 관점에서 보자면 많은 사람들이 금광으로 몰리던 골드러시 시대에 곡괭이와 청바지를 파는 기업도 수혜를 받았던 사실을 잊으면 안 된다. 인공지능 시대는 더 많은 연산을 요구하고 이에 따라 더욱 많은 반도체가 필요하기 때문에 미국 시장에서 엔비디아는 연중 170% 상승하였고, 해외 및 국내 반도체 기업들도 큰 폭으로 상승했다.

이 책은 현재 증권 시장에서 가장 뛰어난 애널리스트 중 한 명으로 평가받고 있는 저자의 인공지능 투자에 대한 관점을 어깨너머 훔쳐볼 수 있는 책이다. 인공지능에 관한 책들은 시중에 많지만 투자자 관점에서 바라보는 몇 안 되는 책으로 다양한 분야에서의 활용 예시를 직접 보여주고 있다. 특히 이 책에서는 저자가 직접 투자할만한 기업들을 제시해주고 있는데 주식 일타강사의 픽(Pick) 중에는 머지않은 미래에 우리의 삶을 바꿀만한 기업들도 있다. 투자자에게 중요한 것 중 하나는 미래에 대한 꿈이다. 독자들은 인공지능으로 세상이 어떻게 바뀔지 상상하고 그곳에 투자하여 보다 좋은 결과를 얻기를 바란다.

- 선진짱 · 투자 블로거, 슈퍼개미

요새 인공지능과 관련하여 많은 책이 나오고 있는데 주로 인공지능에 대한 것 또는 인공지능을 활용하는 법에 대해서 다루고 있다. 하지만 인공지능에 대한 투자 관련 서적은 거의 없는 상황이다. 그런 와중에 현직 애널리스트가 인공지능에 대하여 금융(주식) 시장 및 현 업계 상황을 적절한 깊이로 다뤄주는 책이 나왔다. 누구라도 이 책을 보면 좀 더 개괄적으로 인공지능에 대하여 이해할 수 있고, 거기에서 멈추는 것이 아니라 인공지능이 집중하고 있는 현 산업 현황과 인공지능 산업을 꽃피우기 위해 금융이 어디에 집중되고 있는지를 들여다볼 수 있을 것이다. 또한 너무 얕지도 깊지도 않게 적절한 난이도로 쓰여 읽는 데 부담이 없고 누구나 쉽게 접근할 수 있을 듯하다. 인공지능에 관한 투자 공부를 시작하고 싶은 이들에게 주저 없이 이 책을 권한다.

- 솔로몬 · 투자 블로거

투자자에게 있어 인공지능에 투자할 때 핵심적으로 고려해야 할 요소는 무엇일까? 아무래도 챗GPT와 같은 기술이 단순히 일회성 이벤트인지 아니면 이제 임계점을 넘어 폭발적으로 성장하는 초입인지 여부일 것이다. 챗GPT가 우리에게 준 가장 큰 변화는 인공지능 기술이 개인의 영역으로 들어왔다는 사실이다. 과거 인공지능은 영화나 소설, 아카데믹 분야, 그리고 일부 산업에서만 쓰이는 소수를 위한 기술이었다. 하지만 이제는 누구나 손쉽게 사용할 수 있는 기술이 되었다. 챗GPT를 보고 있자면 과거 웹(Web)과 브라우저(Browser)를 처음 사용했던 때가 떠오른다. 그런 맥락에서 만약 인공지능 분야에 투자하고 싶다면 이 책《인공지능에 투자하고 싶습니다만》은 좋은 출발점이 될 것이다.

인공지능에 투자하려면 무엇을 알아야 할까? 인공지능에 대한 지식만 가지고 있다면 투자를 잘할 수 있을까? 투자는 학문과 결이 다르기에 성공적인 투자를 위해서는 투자의 관점이 반드시 필요하다. 이 책에서는 인공지능에 대한 전반적인 지식뿐만 아니라 투자자의 관점에서 바라본 인공지능 시장에 대한 다양한 뷰를 제공하고 있다. 게다가 투자자의 수고를 덜어줄 수 있는 인공지능 관련 ETF부터 개별 기업들에 대한 소개까지 담고 있다. 투자에 있어 가장 힘든 것이 전체를 파악하고 세부를 조사한 뒤에 디테일을 챙기는 것인데 이 책 한 권으로 전체를 파악할 수 있고 세부적인 부분까지 꼼꼼하게 다루고 있어 투자 방향을 정하기에는 더없이 좋다. 물론 이 책만으로 인공지능에 대한 모든 걸 알 수는 없다. 하지만 내가 어디를 더 봐야 하고 인공지능 밸류체인 내에 어느 부분에 더 집중할지 결정하고 출발하는 데에는 부족함이 없다.

- 유수암바람(강민수)·투자 블로거

'모두의 인공지능'으로
좀 더 스마트하게 투자하는 법

인공지능, AI라는 단어를 들으면 어떤 것이 떠오르시나요? 특히 챗GPT 등장 이전과 이후가 어떻게 달라지셨나요?

챗GPT 등장 이전을 되돌이켜보면 '인공지능, AI'는 두꺼운 안경을 쓴 천재처럼 보이는 컴퓨터공학 박사님들이 마치 암호와도 같은 컴퓨터 언어를 입력하면서 엄청난 슈퍼컴퓨터를 돌리는 이미지가 그려집니다. '인공지능, AI'는 알게 모르게 우리 삶 속에 침투하면서 뭔가의 알고리즘으로 자꾸 내가 좋아할 만한 것을 꾀어내는 마케팅 도구라고 막연히 생각했지만, 그렇다고 이걸 가지고 내가 주체적으로 뭔가를 만들거나 업무에 큰 도움이 된다고 느끼지는 못했습니다. 돌이켜보면 윈도우95 시대가 열리기 전 새까만 도스(DOS) 화면을 보면서 '이게 대단한 것 같기는 하지만 그렇다고 내 삶에 얼마나 밀접한 영향이 있을까, 이건 컴퓨터 전문가들의 영역이지'하고 생각하던 때와 다르지 않습니다.

　그런데 '챗GPT', '구글 바드' 등 생성형 AI를 접하면서 이제는 이 것들이 '인공지능, AI'라는 거창한 도구라기보다는 매일 습관적으로 만지작거리는 네이버, 카카오와 같은 IT 플랫폼으로 느껴지고 있습니다. 가족여행을 준비할 때 예전에는 수많은 여행 블로그를 몇 시간씩 뒤적거렸다면 이젠 '구글 바드'에게 먼저 조건에 맞게 질문을 던져 후보 리스트를 뽑고 그에 맞는 여행 블로그를 찾는 방식으로 효율성을 높이고 있습니다. 특히 애널리스트로서 예전 같으면 RA(Research Assistant) 후배들을 대상으로 하루 온종일 걸렸을 지시 사항이 불과 30초도 안 되어 해결하는 경험도 하고 있습니다. 미국 부채한도 협상의 난항으로 금융 시장 변동성이 높아졌을 무렵 이에 대한 1950년 이후 사례 연구는 '챗GPT', '구글 바드'가 뚝딱 해결해주었고, 이후 블룸버그 단말기로 이 사례 연구가 데이터로도 정확한지 팩트체크한 후 빠르게 보고서를 작성했던 기억이 있습니다. 이제는 '인공지능, AI'가 특정 전문가들의 전유물이 아니라 인터넷 검색엔진처럼 누구나 쉽게 쓸 수 있고, 그렇게 생성된 글 덩어리가 꽤 괜찮은 수준에 도달한 것입니다. 마치 윈도우95나 인터넷, 스마트폰 보급 이후 컴퓨터가 특정 전문가들의 것이 아니라 그저 매일 접하는 물과 공기처럼 익숙해진 것과 다르지 않습니다.

'특정 전문가들의 것'이 아닌 '모두의 것'이 되는 과정은 자본, 즉 '돈'의 관점으로 보면 엄청난 기회입니다. 윈도우95가 출시된 1995년 말 마이크로소프트의 주가는 5.48달러였으나 10년 후 4.8배 상승했고, 아이폰이 출시된 2007년 말 애플 주가는 7달러였지만 10년 후 2017년 말에는 42.3달러로 6배 급등했습니다. 그리고 애플과 마이크로소프트는 전 세계 기업 중 시가총액 1위와 2위를 다투는 초우량 기업이 되었습니다. 윈도우95와 아이폰을 써보면서 신통하다고 감탄만 하는 이용자와, 내 자산의 일부를 '모두의 것'이 되는 과정과 함께하기 위해 투자자가 되는 것은 부의 차원에서 전혀 다른 결과를 낳았던 것입니다.

특히 주목할 점은 1995년과 2007년 전후는 경기호황기가 아닌 둔화기였다는 사실입니다. 경기둔화기에 혁신 기업이 혁신 제품을 내놓고 도약하는 것은 결코 우연이 아닙니다. 경기호황기에는 혁신 기술에 대한 규제(독과점 및 무형자산)가 심화되지만, 경기둔화기에는 성장동력이 될만한 것은 다 풀어줄 수밖에 없습니다. 지금 역시 고물가와 경기둔화를 걱정하는 시기이니만큼 빅테크 기업에 대한 규제보다는 혁신 기술을 통한 신성장을 선택할 수밖에 없는 상황입니다.

물론 '반짝 유행'을 걱정할 수는 있습니다. 그러나 '챗GPT', '구글 바드'는 아직 만 1세도 안 되는 신생아들입니다. 생성형 AI는 이제 겨우 태동기이고, 곧 엄청난 성장기를 거치면서 산업 곳곳에 엄청난 에너지를 확산시킬 것입니다. 이런 엄청난 성장기를 준비하는 마음으로 인공지능이 '모두의 것'이 되는 미래를 그려보며 이 책을 집필했습니다. 물론 미래 혁신 기술에 대한 가능성은 금융 시장 입장에서 높은 변동성을 수반할 수 있음을 기억해야 합니다. 혁신 기술이 지닌 특유의 속성 때문에 가치사슬상 전후방 연쇄 반응과 '채찍 효과'는 예상치 못한 결과를 낳을 수도 있음을 명심하고 이 책을 참고하시기 바랍니다.

지금 우리 모두는 혁신 기술 역사의 커다란 변환점에 서 있고 역사적으로 이런 시기에는 모든 분야에서 기회와 위험이 공존합니다. '인공지능, AI'가 미래 일자리를 위협할 수도 있지만 이를 헤지(hedge)하기 위해서라도 인공지능, AI 혁신 기업 투자는 외면하기 어려운 또 하나의 방편입니다. 모쪼록 이 거대한 변화의 파도를 부단한 노력으로 잘 판단하고 현명한 투자를 통해 원하는 바를 이룰 수 있도록, 진심으로 기원합니다.

- 지은이 곽민정, 곽병열

차   례

1

챗GPT가 앞당긴
인공지능의 시대

| Artificial Intelligence & Investment |

챗GPT의 충격
똑똑한 '기계 비서'가 내 삶에 찾아오다

우리의 일상에 말도 잘 통하고, 시키면 뭐든 척척 답해주는 인공지능(AI) 기계 비서, 챗GPT가 찾아왔습니다. 물론 기계 비서가 아주 낯선 것은 아닙니다. 이미 우리는 스마트폰 기계 비서인 시리나 빅스비, 음성 인식 AI 스피커, 자동차의 음성 인식 제어기능 등을 경험한 바 있습니다. 그런데 챗GPT와 같은 생성형 AI에 환호하는 것은 단순 명령에 대한 기초적인 기계 제어 수준을 뛰어넘어 고차원적인 복잡한 명령에 대해서도 글, 그림, 동영상, 음악 등의 콘텐츠 형성을 통해 나름대로 답을 하고, 그 수준이 꽤 전문가 영역까지 도달했기 때문입니다.

챗GPT의 글쓰기 능력은 각종 입학 시험이나 자격증 시험을 통과할 수준으로 보고되고 있고, 이런 뛰어난 실력 때문에 주요 국가들의 교육부 당국에서는 학생들의 숙제 보조용으로 활용되는 것을 경계하여 챗GPT 사용을 금지하는 데까지 이르렀습니다. 마치 인터넷 검색엔진이 본격적으로 보급될 때 '구글을 통한 인터넷 베끼기 과제 제출'에 대해서 엄격히 규제하겠다는 엄포가 떠오르는 요즘입니다. 하지만 그렇게 선생님, 교수님들이 무섭게 경고했다고 네이버, 구글, 야후 등의 검색엔진을 통해 인터넷의 바다를 돌아다니며 과제 해결하던 것을 설마 포기했던가요? 역설적이지만 기존 질서를 깰만한 파괴력이 챗GPT에 내재되었다는 것을 사실상 기성세대조차도 인정한 꼴입니다.

무엇보다 이번 챗GPT가 충격적이었던 것은 IT 전문가들의 예상보다도 우리 삶 속에 깊이 들어오는 시점이 상당히 앞당겨졌기 때문입니다. 대표적인 IT 컨설팅사인 가트너(Gartner) 그룹은 2022년 8월 기술 성숙도에 따른 미래 IT 트렌드를 시각화한 2022년 하이퍼사이클(Hyper Cycle 2022)을 발표했는데, AI 관련 기술(Accelerated AI Automation)은 혁신의 단계(Innovation Trigger)의 저성숙 단계에 머물고 있고 주력 시장으로 본격적인 진입까지 대략 5~10년은 걸릴 것으로 내다봤습니다. 그랬던 것이 불과 3개월 후인 11월 말 챗GPT가 등장하면서 전문가들의 예상보다 무려 5년 이상 빠르게 우리 생활 속으로 들어온 것입니다. IT 전문가들도 깜짝 놀랄만한 빠른 혁신 기술의 도입이며, 오죽하면 기존 AI 혁신 기술의 원조에 해당하는 구글(주식 종목명 알파벳)조차도 허를 찔려 허둥지둥 생성형 AI '바드(Bard)'를 성급하게 내놓다가 망신을 당했을까요. 물론 2023년 5월 10일 출시된 '바드'는 기존의 한계점을 대폭 보완하여 호평을 받고 있습니다.

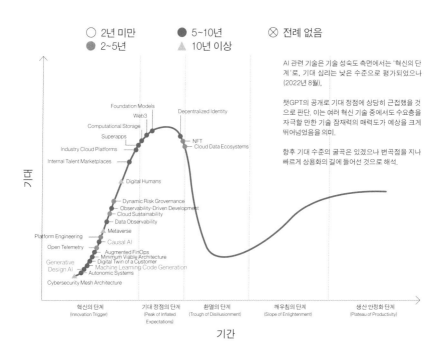

가트너의 기술 성숙도 하이퍼사이클:
2022년 8월에는 AI의 기대 수준이 높지 않았다

○ 2년 미만   ● 5~10년   ⊗ 전례 없음
◑ 2~5년   ▲ 10년 이상

AI 관련 기술은 기술 성숙도 측면에서는 '혁신의 단계'로, 기대 심리는 낮은 수준으로 평가되었으나 (2022년 8월),

챗GPT의 공개로 기대 정점에 상당히 근접했을 것으로 판단. 이는 여러 혁신 기술 중에서도 수요층을 자극할 만한 기술 잠재력의 매력도가 예상을 크게 뛰어넘었음을 의미.

향후 기대 수준의 굴곡은 있겠으나 변곡점을 지나 빠르게 상용화의 길에 들어선 것으로 해석.

기대

Foundation Models
Web3
Computational Storage
Superapps
Industry Cloud Platforms
Internal Talent Marketplaces
Decentralized Identity
NFT
Cloud Data Ecosystems
Digital Humans
Dynamic Risk Grovernance
Observability-Driven Development
Cloud Sustainability
Data Observability
Metaverse
Platform Engineering
Causal AI
Open Telemetry
Augmented FinOps
Minimum Viable Architecture
Digital Twin of a Customer
Generative Design AI
Machine Learning Code Generation
Autonomic Systems
Cybersecurity Mesh Architecture

혁신의 단계
(Innovation Trigger)

기대 정점의 단계
(Peak of Inflated Expectations)

환멸의 단계
(Trough of Disillusionment)

깨우침의 단계
(Slope of Enlightenment)

생산 안정화 단계
(Plateau of Productivity)

기간

| 가트너 그룹의 하이퍼사이클 2022 중 AI 혁신 기술 성숙도 평가 |

혁신 기술	성숙 단계	주력 시장 진입까지 소요 기간
① 생성형 디자인 AI (Generative Design AI)	혁신의 단계 (Innovation Trigger)	5~10년
② 머신러닝 코드 생성 (Machine Learning Code Generation)	혁신의 단계 (Innovation Trigger)	5~10년
③ 인과추론 AI (Causal Artificial Intelligence)	혁신의 단계 (Innovation Trigger)	5~10년
④ 자동화 시스템 (Autonomic System)	혁신의 단계 (Innovation Trigger)	5~10년
⑤ 파운데이션 모델 (Foundation Models)	기대 정점의 단계 (Peak of Inflated Expectation)	5~10년

출처: 가트너 그룹

그리고 챗GPT의 진정한 충격은 누구보다도 제대로 사용해본 사람들이 느꼈습니다. 이게 얼마나 신통한 '기계 비서'인지 써본 사람들의 입소문과 함께 이것저것 못하는 것 없는 팔방미인의 매력으로 IT 플랫폼(Platform) 측면에서도 새로운 역사를 매일매일 쓰고 있습니다. 인스타그램이 3개월 만에 100만 이용자를 달성했다고 대단하다 했지만, 챗GPT는 불과 5일 만에 100만 명을 달성했고 1억 명에 도달하는 데는 채 두 달이 걸리지 않았습니다. 이러한 이용자들의 폭발적인 반응은 플랫폼 기업 입장에는 결국 '돈'과 연결됩니다. 유동 인구가 많을수록 상가의 잠재 고객도 비례해 증가하고, 그러면 당연히 상가의 임대료와 권리금이 오르는 것과 같은 이치입니다. 챗GPT 때문에 잠재 고객이 급증한 영향으로 인프라에 해당하는 AI 반도체 기업인 엔비디아 주가는 신속하게 급등한 반면, 잠재 고객을 크게 빼앗긴 알파벳은 비상이 걸렸고 앞서 말했듯이 부리나케 내놓은 생성형 AI 바드는 시장의 기대에 못 미치면서 주가는 곤두박질치는 어려움을 겪었습니다.

이러한 챗GPT의 충격은 일단 초반부의 요란한 국면에서 벗어나고 있습니다. 점차 익숙해지면서 그 충격은 잠잠해지겠지만, 일단 이 달콤함을 맛본 대다수의 이용자들은 인스타그램, 유튜브를 일단 시작하면 쉽게 끊지 못하는 것처럼 중독성을 보이면서 지속적으로 사용하려는 경향을 보일 것입니다. 이를 락인 효과(lock-in effect)라고 부르는데, 일단 특정 시장(플랫폼)의 고객이 되면 쉽게 떠나지 못하고 잔류하게 되는 효과를 일컫습니다. 이를 위해 마이크로소프트는 자사의 검색엔진 빙(Bing)에 챗GPT를 탑재했고, 기존 오피스 서비스에도 이를 결합시키면서 혁신을 통해 더 많은 고객들을 더 오래 마이크로소프트 관련 플랫폼에 머물도록 하는 다양한 시도를 하고 있습니다. 더군다나 인스타그램 이용자들이 지속적으로 창출하는 사진-동영상 콘텐츠와 리뷰가 쌓이면서 다시 새로운 이용자들을 재유입시키는 선순환(feedback)을 보이는 것처럼, 챗GPT 역시 기존 오류를 시정하고 지속적인 개선을 유도하는 강화학습(RLHF)을 통해 시스템의 질적 개선과 서비스의 다양화가 이뤄질 것입니다. 즉 챗GPT의 충격파가 초기에 엄청난 이용자를 유도했다면, 이를 유지하려는 서비스의 고도화와 다양화를 통해 이용자들의 충성도를 높이게 될 것입니다.

그런 맥락에서 향후 AI 기업을 바라볼 때 과연 락인 효과가 촉진될 만큼 초기 이용자들을 단골손님으로 만드는 게 얼마만큼 성공적인지를 따져야 할 것입니다. 특히 무료 서비스 이용자들을 유료 서비스로 전환하는 구독 모델을 구축할 수 있을지가 관건입니다. IT 플랫폼에 있어서 단골손님인 활동 이용자(active user)는 곧 잠재적인 유료 구독자, 플랫폼 광고의 노출된 소비자라는 관점에서 결국 플랫폼 기업 가치를 좌우하는 핵심적인 변수입니다. 이런 측면에서 인스타그램 혹은 유튜브의 활동 이용자수가 폭발적으로 증가하고 유지되었을 때 메타플랫폼스(구 페이스북)와 알파벳의 주가 반응은 좋은 참고가 될 것입니다.

투자의 관점에서
인공지능이란 무엇일까?

 인공지능(AI)을 설명해줘.

AI(인공지능)는 일반적으로 시각 인식, 음성 인식, 의사 결정 및 자연어 처리 등 인간의 지능이 필요한 작업을 수행할 수 있는 컴퓨터 시스템의 개발을 말합니다.

AI 기술은 알고리즘과 수학적 모델을 사용하여 데이터를 분석하고 처리하며 경험을 통해 학습하고 그 학습에 기반하여 결정이나 예측을 수행합니다. 기계 학습(machine learning), 딥러닝(deep learning), 신경망(neural network), 자연어 처리(natural language processing), 및 로봇 공학 등 AI 내부에는 여러 하위 분야가 있습니다.

자율주행 차량, 음성 인식 시스템, 이미지 및 비디오 인식, 사기 탐지 및 의료 진단 등 AI는 많은 잠재적인 응용 분야가 있습니다. 그러나 AI는 개인 정보 보호, 편견, 책임 및 직업 이탈과 관련된 윤리적 및 사회적 문제를 제기합니다.

대한민국 정책브리핑(www.korea.kr)에 따르면 인공지능(AI, Artificial Intelligence)은 인간의 지적 능력을 컴퓨터로 구현하는 과학기술로서, 상황을 인지하고 이성적·논리적으로 판단·행동하며, 감성적·창의적인 기능을 수행하는 능력까지 포함합니다.

챗GPT나 우리나라 정부에서 알려주는 인공지능에 대한 개념은 알긴 알겠는데, 투자 측면에서 구체적인 뭔가에 대해서는 막연한 부분이 있습니다. 따라서 인공지능의 개념을 조금 더 세부적으로 들어가서 살펴봐야겠는데요. 특히 투자의 관점에서 인공지능의 개념을 실제 자산운용사들이 어떻게 정의하고 세분하는지 알면 좋은 참고가 될 것입니다. 현재 국내 금융상품명에 '인공지능(AI)'이 들어간 2가지 상품(주식형 펀드, ETF)의 투자설명서를 찾아보니 다음과 같습니다.

NH-Amundi 글로벌 AI 산업 펀드

- 인공지능(AI)이란: 인간의 학습 능력과 추론 능력, 지각 능력, 자연언어의 이해 능력 등을 컴퓨터 프로그램으로 실현한 기술
- 인공지능(AI) 산업과 관련된 모든 업종에 분산 투자
  ① 인공지능(AI) 산업 인프라: 빅데이터, 클라우드 서비스, 인터넷 사물, 모바일 등
  ② 인공지능(AI) 응용 산업: 인공지능(AI) 자동화, 로봇, 딥러닝,

인지 시스템(cognitive system) 등

③ 인공지능(AI) 적용 산업: 광고, 농업, 에너지 분야, 자동차, 비행기, 제조업, 헬스케어, 법률 등

ARIRANG 글로벌 인공지능 산업 ETF

- 인공지능 관련 테마

  ① 능동형 정보(Actionable Intelligence), CRM 및 고객 지원 자동화

  ② 빅데이터 시각화 및 분석, 일반적인 CAD 소프트웨어

  ③ 기업 IT 인프라 소프트웨어, 머신비전, 제조업용 CAD 소프트웨어

  ④ 머신러닝 내장 칩(GPUs; FPGAs, 휘발성 메모리 장치, ASICs)

  ⑤ 인터넷 서비스 및 전자상거래 사이트(이 경우 시가총액이 1,000억 달러를 초과해야 함), 프로세서 반도체

  ⑥ 기업 관리 및 프로세스 자동화 소프트웨어, 반도체 설계 소프트웨어 및 서비스

- 단 금융 서비스, 지불, 소셜미디어, 미디어, 일반 아날로그 및 센서 반도체, 사이버 보안에 중점을 둔 기업은 제외

NH-Amundi 글로벌 AI 산업 펀드의 원천 역외 펀드인 'Allianz Global Artificial Intelligence'는 2017년 시작된 선도적인 인공지

능 투자 관련 펀드였고 이에 적합한 인공지능 산업 리서치가 동반되었습니다. 이를 감안하여 그들이 개념 정의한 인공지능 산업에 대한 세부적인 접근을 기반으로 다음과 같이 인공지능 산업의 가치사슬도(value chain)를 그려봤습니다. 이를 통해서 포괄적인 인공지능에 대한 정의는 가치사슬상 인공지능 기반 기술에 응축되어 있고, 인공지능 기반 기술에 대한 컴퓨팅 파워(computing power) 및 데이터셋(data set)을 지원하기 위한 인공지능 플랫폼과 인공지능 인프라가 기반 기술의 업그레이드와 실제 운용을 담당하고 있으며, 이를 통해 다양한 서비스와 제품으로 구현되고 이를 최종 소비자가 사용하는 프로세스를 포괄하는 것이 인공지능 산업구도라고 판단합니다.

| 인공지능 가치사슬도 |

AI 이용자

AI 제품 & 서비스(앱)

AI 인프라(엔비디아)

AI 플랫폼(MS)

AI 기반 기술(오픈AI, 구글)

물론 인공지능은 활용 범주에 따라서도 구분할 수 있습니다. 사실 특정 분야에만 특화된 인공지능 제품과 서비스는 이미 부지불식간에 우리가 늘 사용하고 있기도 합니다. 주로 시각 인식 능력을 활용하여 제조업 공정 프로세스(조립-포장-검사)를 자동화하는 것이 대표적입니다. 그런데 이번 챗GPT가 놀라운 점은 특정 분야 및 산업 간(B2B) 활용도를 뛰어넘어 일반 사용자까지 아우르는 통합적인 인공지능 서비스의 시대를 활짝 열었다는 점일 것입니다.

한눈에 보는 인공지능의 역사

 인공지능의 역사에 대해 알려줘.

인공지능(AI)은 인간의 지능적 행동을 모방하는 컴퓨터 과학의 한 분야입니다. 1950년대 초반부터 연구가 시작되었으며, 그 이후로 꾸준히 발전해 왔습니다.

Bard

AI의 역사는 크게 세 가지 시대로 나눌 수 있습니다. 첫 번째 시대는 1950년대와 1960년대로, 이때는 주로 기계 학습과 전문가 시스템에 대한 연구가 이루어졌습니다. 두 번째 시대는 1970년대와 1980년대로, 이때는 인공 신경망에 대한 연구가 이루어졌습니다. 세 번째 시대는 1990년대 이후로, 이때는 컴퓨팅 성능의 향상과 빅데이터의 등장으로 인해 AI 연구가 크게 발전했습니다.

최근 몇 년 동안 AI는 가파른 발전을 거두고 있습니다. 특히 딥러닝 기술의 발전은 AI의 발전에 큰 역할을 했습니다. 딥러닝은 인간의 뇌가 정보를 처리하는 방식을 모방한 기계 학습 알고리즘입니다. 딥러닝은 이미지 인식, 자연어 처리, 음성 인식 등의 분야에서 큰 성공을 거두었습니다.

AI는 현재 다양한 분야에서 활용되고 있습니다. 의료, 금융, 제조, 운송, 보안 등 다양한 분야에서 AI가 사용되고 있습니다. AI는 이러한 분야에서 효율성과 생산성을 향상시키고 있습니다. 또한 AI는 새로운 제품과 서비스의 개발에도 활용되고 있습니다.

| 2010년 이후 인공지능 발전사 |

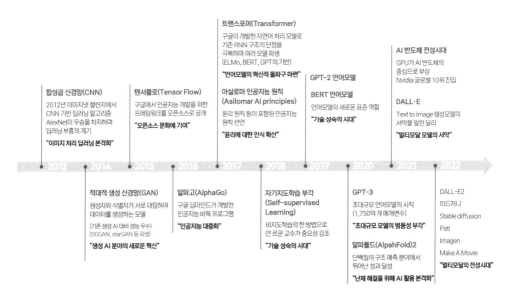

출처: 한국지능정보사회진흥원, 〈전 세계를 뒤흔든 현대 인공지능 역사적 사건 및 산업, 사회 변화 분석〉

| 인공지능의 역사와 향후 전망 |

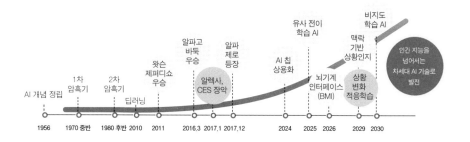

출처: 과학기술정보통신부

❶ 1950~1970년대: 인공 신경망

'인공지능(AI)'이라는 용어는 1956년 미국 다트머스 학회에서 인지심리학자이자 컴퓨터 과학자인 존 매카시(John McCarthy)가 처음 사용했는데, 그는 인공지능 관련 컴퓨터 언어인 리스프(LISP)를 개발했고, 이러한 공적으로 1971년 컴퓨터 업계의 노벨상으로 불리는 튜링상을 수상하기도 합니다. 이 당시 인간 두뇌의 신경세포인 뉴런의 연결 구조와 기능에 착안한 수학적 모델인 인공 신경망(artificial neural network)을 도입했습니다. 이를 통해 경험으로부터 학습하고 인간 지능이 요구되는 작업을 대행할 수 있는 지적 기계의 제작을 시도하게 됩니다.

이후 1970년대까지 주로 자연어 처리, 컴퓨터 비전 및 기계 학습 분야에서 중요한 연구 성과를 거두지만, 당시 컴퓨팅 파워의 부족과 같은 빈약한 인프라 문제로 상당 기간 정체기를 겪습니다.

❷ 1980~2000년대: 머신러닝

1980년대는 인공지능에 대한 뜨거운 관심이 있었고, 학계의 다수 연구자들과 IT 기업들 중심으로 인공지능을 통한 혁신에 대한 신뢰가 컸습니다. 특히 머신러닝(machine learning, 기계학습)이란 방법론이 등장했는데, 데이터로부터 학습하여 예측 및 의사 결정을 내리는 알고리즘과 통계 모델을 개발하는 것입니다. 머신러닝의 목표는 경험으로부터 학습하고 성능을 지속적으로 개선할 수 있는 지능적인 기계를 만드는 것이었으나, 진전은 제한적이었고 여러 프로젝트가 기대에 미치지는 못했습니다.

1990년대에서 2000년대까지는 인터넷 혁명에서 시작해 IT 버블까지 형성되는 시기였습니다. 전문가 시스템, 음성 인식 및 로봇 공학과 같은 보다 실용적인 응용 분야로 인공지능 연구가 이동하게 됩니다. 인터넷이 비약적으로 발전함에 따라 빅데이터 부분의 고성장도 동반되면서 엄청난 데이터셋(data set) 형성이라는 우호적인 IT 산업 여건을 바탕으로 머신러닝을 비롯한 인공지능에 대한 새로운 관심이 커졌으나, 아쉽게도 의미 있는 진전을 이루지는 못합니다.

❸ 2010년대~챗GPT 이전: 딥러닝

딥러닝(deep learning) 중심의 인공지능 기술의 발전으로 이미지 인식, 자연어 처리 및 게임(체스, 바둑 등) 플레이와 같은 영역에서 중요한 혁신이 이루어졌습니다. 딥러닝은 2000년대 머신러닝이 보다 심화된 개념으로 기존보다 투입되는 데이터 규모를 엄청나게 늘렸고, 이를 통해 인간의 개입 없이 경험으로부터 자동으로 학습하고 개선하도록 발전했습니다.

2010년대 딥러닝 방법론의 근저에는 생물학적 두뇌를 모방한 기계학습 즉 '인공 신경세포'가 있는데요. 중요한 특징으로는 세계를 식별하는 방법론의 개선, 데이터 학습과 계산에 병렬처리 등을 들 수 있으며 이를 통해 이미지 및 음성 인식, 자연어 처리 및 로봇 공학과 같은 여러 분야를 혁신적으로 개선시켰습니다. 딥러닝 응용 분야의 주목할만한 성공 사례로는 자율주행 자동차, 얼굴 인식 소프트웨어 등이 있습니다. 결론적으로 딥러닝을 통해 기계가 보행자, 자전거, 차량 등의 이미지를 정확하게 인식하면서 자율주행 자동차로 나아갈 수 있는 기술적 기반이 갖춰지게 된 것입니다.

04

GPT에 대해서 알아봅시다

 챗GPT에 대해 설명해줘.

Chat GPT

챗GPT는 GPT-3.5 아키텍처를 기반으로 오픈AI에서 개발한 대형 언어 모델입니다. 이 모델은 자연어 텍스트를 생성하고 질문에 대답하며 대화식으로 주어진 작업을 완료할 수 있도록 설계되었습니다. 이 모델은 감독되지 않은 학습 기술을 사용하여 방대한 양의 텍스트 데이터에서 학습되었습니다. 이 학습 데이터는 책, 기사 및 웹 사이트와 같은 다양한 소스에서 가져온 것입니다. 챗GPT 모델은 인간과 같은 응답을 이해하고 생성할 수 있어서 챗봇, 언어 번역 및 텍스트 완성과 같은 다양한 응용 분야에서 유용하게 사용될 수 있습니다. 이 모델은 질문 응답이나 감성 분석과 같은 특정 작업에 대해 세부 조정되어 정확성을 향상시킬 수 있습니다.

전반적으로 챗GPT는 대화식으로 자연어 텍스트를 이해하고 생성할 수 있는 고급 언어 모델로, 다양한 언어 관련 응용 분야에서 가치 있는 도구로 사용될 수 있습니다.

❶ 챗(chat)

챗GPT의 첫글자 챗(chat)은 채팅(chatting)의 바로 그 '챗'입니다. 이름에서도 알 수 있듯이 챗GPT의 UI(user interface), 즉 사용자 환경은 채팅의 형식입니다. 그런 면에서 '챗봇(chatter robot)'의 가장 진화된 형태로 볼 수도 있습니다. 챗봇은 이미 많은 곳에서 대중화되었는데요. 주로 기업의 고객센터를 보완하는 자동화 대화형 메신저로, 채팅 형식으로 질문을 입력하면 인공지능이 빅데이터 분석을 바탕으로 사용자들과 일상적인 언어를 통해 적절한 답을 주는 대화형 메신저입니다. 그래서 '챗봇'을 넓은 의미로 보면 문자 형식의 채팅에서 음성까지 확장된 AI 스피커들까지도 포괄할 수 있습니다. 주요 글로벌 기업들은 인건비 절감을 위해 콜센터를 인도, 필리핀 등 영어 소통이 원활한 신흥국으로 아웃소싱한 바 있는데요. 여기에서 더 나아가 자동화 시스템인 '챗봇'에 도달한 것입니다.

그런데 챗GPT의 경우 'GPT-3'라는 인공지능의 대형 언어 모델(LLM: Large Language Model)이 뒷받침되면서 기존 챗봇이 수행하던 단편적인 일상 대화나 기업별 특정 목적에서 벗어나 인간의 말을 제대로 알아듣고 이해하고, 모든 분야를 아우르는 창의적인 콘텐츠를 생성하게 되었습니다. 아이 수준의 단순한 말동무가 아닌 실제 생활에 필요한 질문, 비즈니스를 위한 질문에 대해서도 쓸만한 보고서까지 척척 만들어주는 만능 인공지능 비서(assistant)가 우리 앞에 등장한 것입니다.

❷ G(Generative, 생성)

생성형 AI에 대해 설명해줘.

Chat GPT

생성형 AI(Generative AI)는 이전에 존재하지 않았던 이미지, 음악, 텍스트 등 새로운 원본 콘텐츠를 생성하는 인공지능 기술입니다. 이를 위해 기계 학습 알고리즘과 심층 신경망을 사용하여 데이터의 패턴과 관계를 학습하고, 그 지식을 활용하여 새로운 콘텐츠를 생성합니다. 가장 일반적인 생성형 AI 중 하나는 생성적 적대 신경망(GAN)으로, 생성자(generator)와 구분자(discriminator) 두 개의 신경망으로 구성됩니다. 생성자는 새로운 콘텐츠를 생성하는 역할을 담당하고, 구분자는 해당 콘텐츠가 실제인지 가짜인지 판별하는 작업을 수행합니다. 이 두 가지 신경망은 함께 학습되며, 생성자는 계속해서 구분자를 속이기 위해 새로운 콘텐츠를 생성하고, 구분자는 실제와 가짜 콘텐츠를 더욱 잘 구별하게 됩니다.
생성형 AI는 미술과 디자인 분야에서 새로운 이미지, 음악 및 다른 창의적인 표현을 만들 수 있으며, 뉴스 기사나 제품 설명과 같은 콘텐츠 생성에도 활용될 수 있습니다. 또한 가상 비서나 챗봇에서 사용자 입력에 대한 자연어 응답을 생성하는 데 사용됩니다…(중략)

일반적으로 챗GPT를 '생성형 AI(Generative AI)'라고 부르곤 합니다. 생성형 AI(Generative AI)는 텍스트(예: 챗GPT), 이미지(예: DALL-E), 음악 등의 새로운 콘텐츠를 생성하는 인공지능 기술입니다. 기존 AI보다 챗GPT를 가장 두드러지게 만들어주는 특징이 바로 '새로운 콘텐츠를 생성'한다는 점인데요.

생성형 AI와 대응되는 '판별형 AI'는 이미지 및 음식 인식에서 주로 활용되는데 수많은 데이터 내에 특성을 잘 구분할 수 있는 기준선을 찾아내어 분류하는 것이 특기입니다. 그런데 뭔가의 기준을 만들어 구분하고 분류하는 것으로는 새로운 것을 창작할 수 없습니다. 무언가를 만든다는 것은, 학습된 데이터군과 비슷한 데이터군을 활용해 완전히 다른 것을 창조하는 것입니다.

이를 쉽게 설명하고자 오픈AI사의 'DALL-E'를 사용하여 다음과 같이 명령해봤습니다.

 Describe 2023 Busan City in Korea from Gustav Klimt style.
(클림트 스타일로 2023년 부산시를 그려줘)

그랬더니 GPT는 수많은 데이터군 중 부산에 대한 시각적 이미지를 학습했고, 이와 비슷하지만 완전히 다른 시각적 이미지를 구현했으며, 여기에 금색을 입히는 것을 선호했던 구스타프 클림트의 회화적 스타일을 덧입히는 작업을 통해 새로운 이미지 콘텐츠를 창조했습니다. 마치 피카소가 모방하는 훈련을 통해 대가들 그림의 특색을 습득한 후 입체적인 재구성으로 새로운 형식을 창조한 것처럼 말입니다.

| GPT가 클림트 스타일로 그린 2023년의 부산시 |

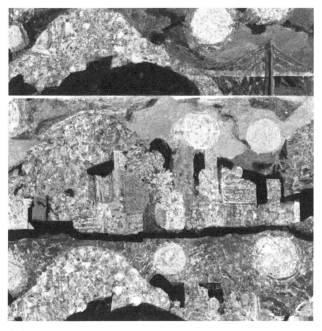

출처: DALL-E

❸ P(Pre-trained, 사전 학습)

AI 분야의 사전 학습에 대해 설명해줘.

Chat GPT

AI 분야에서 'pre-trained(사전 학습)'이란 용어는, 이미지 인식이나 자연어 처리와 같은 특정 작업을 수행하기 위해 대규모 데이터셋(data set)으로 훈련된 모델을 의미합니다. 이후에 추가 훈련이나 다른 애플리케이션에서 사용할 수 있도록 제공됩니다. 모델을 사전에 훈련시킴으로써 처음부터 훈련시키는 데 필요한 시간과 계산 리소스를 크게 줄일 수 있습니다. 이는 다양한 AI 프로젝트에 참여하는 연구자와 개발자들에게 매우 유용한 도구가 됩니다.

pre-trained 모델은 보통, 데이터에 명시적인 라벨링이나 피드백을 요구하지 않고도 데이터의 기본 구조를 학습할 수 있는 비지도 학습 기법인 'autoencoder'나 'generative adversarial networks(GANs)'를 사용하여 학습됩니다. 이렇게 학습된 표현은 그 후 분류나 회귀와 같은 지도 학습 기법을 사용하여 특정 작업을 위해 fine-tuning될 수 있습니다. 이때 필요한 라벨링된 데이터 양은 훨씬 작아집니다….(중략)

AI 분야에서 사전 학습(pre-trained)이란 대규모 데이터셋으로 훈련된 모델을 의미합니다. GPT-3.5에 기반한 챗GPT도 답을 알려주지 않고 학습시키는 비지도 학습을 이용하여 대형 언어 모델(LLM, Large Language Model) 사전 학습을 시행합니다. 비지도 학습(unsupervised learning)은 입력된 데이터만으로 학습하는데 데이터가 많을수록 높은 성능을 보입니다. 대략 5조 개 문서와 3,000억 단어 이상 입력된 GPT-3.5는 우리가 목격하는 것처럼 뛰어난 실력을 확인할 수 있습니다. 대형 언어 모델 사전 학습은 입력된 텍스트의 다음 단어를 추론하는 과정을 진행하는데, 그렇게 추론된 단어는 다시 입력 데이터의 일부가 되어 그 다음 단어를 추론하는 과정을 반복하게 됩니다.

특히 챗GPT는 강화 학습 중에서 인간의 피드백까지 포함된 'RLHF(Reinforcement Learning from Human Feedback)'을 사용합니다. 강화 학습은 상황별로 어떻게 행동할지를 학습하는 방법으로, 특정 행동에 보상(reward)을 주면서 AI는 보상을 극대화하는 행동을 학습하게 됩니다. 그런데 챗GPT는 AI의 강화 학습 과정에 인간의 피드백을 추가시켜서 일반 대중에게 유해하거나 편향된 답변(범죄 및 비도덕적 답변)을 제어하도록 합니다. GPT-3.5는 사전 학습에 의한 확률적으로 생성된 언어지도로 텍스트를 만들어 내지만, 텍스트의 유해성에 대해서는 사람의 판단이 개입하면서 악용될 여지도 예방하는 것입니다. 이를 통해 텍스트 결과값의 현실감과 신뢰도는 개선시킨 것이죠.

❹ T(Transformer, 변환기)

 AI 분야의 트랜스포머(Transformer)에 대해 설명해줘.

트랜스포머(Transformer)는 2017년 바스바니(Vaswani) 등이 소개한 딥

Chat GPT

러닝 모델 아키텍처로, 자연어 처리(NLP) 작업에서 잘 수행되는 능력으로 인해 인기를 얻었습니다.

트랜스포머 아키텍처는 자기 어텐션 메커니즘(self-attention mechanism)을 기반으로 하며, 입력 시퀀스의 다른 부분에 주의를 기울여 각 입력 요소의 표현을 계산할 수 있는 기능을 제공합니다. 자기 어텐션 메커니즘은 입력 시퀀스의 문맥 임베딩(contextual embeddings)을 계산하는 데 사용되며 이는 번역, 텍스트 분류 및 개체명 인식과 같은 하위 NLP 작업에 사용될 수 있습니다.

트랜스포머는 여러 층의 자기 어텐션 및 피드포워드 신경망으로 구성된 인코더와 디코더로 구성됩니다. 인코더는 입력 시퀀스를 가져와 문맥 임베딩 집합을 생성하고, 디코더는 이러한 임베딩을 가져와 출력 시퀀스(일반적으로 번역 또는 예측)를 생성합니다.

트랜스포머 아키텍처는 이전 NLP 모델보다 여러 가지 이점을 갖고 있습니다. 이는 장거리 종속성(long-range dependencies)을 모델링하고 가변 길이 입력 시퀀스를 처리하는 능력을 포함합니다. 또한 다른 모델보다 병렬화(parallelizable)하기 때문에 현대적인 하드웨어에서 대규모 훈련에 적합합니다….(중략)

챗GPT의 마지막 T, 트랜스포머(Transformer) 알고리즘은 역설적이게도 최대 경쟁사인 구글 브레인의 인도계 과학자인 바스바니(Vaswani)에 의해 도입되었습니다. 그의 모델이 뛰어난 점은 데이터의 순차적인 처리, 즉 문장 내 단어의 순서를 따지는 것을 배제하고 '집중 메커니즘(attention mechanism)'을 통해 단어 간, 문장 간의 확률 관계(상관 관계)를 따져서 병렬적으로 학습 및 연산하도록

하여 데이터 처리의 효율성을 크게 높였습니다. AI 반도체 선두 기업인 엔비디아에 따르면 트랜스포머 도입 이후 2년간 연산 능력은 무려 275배나 성장했다고 합니다.

오픈AI사는 이를 활용하여 2018년 GPT를 제안한 것이며 이를 통해 '인류의 언어에 대한 확률상의 지도'를 구축한 것으로 평가되고 있습니다. 엄청난 언어 데이터셋을 통해 단어 간, 문장 간의 확률 분포를 이해했고, 이를 바탕으로 단편적인 단어의 나열을 뛰어넘어 전체 문장의 자연스러운 맥락을 이어가게 된 것입니다.

05

10년 후 우리가 맞이할
미래 세상의 모습

인공지능의 발전에 따라 10년 후 우리가 맞이할 미래 세상의 모습은
어떨지 상상해줘.

10년 후의 미래 세상은 현재와 비교할 때 큰 변화를 겪게 될 것입니다.
인공지능 기술은 지속적인 발전을 거듭하며 다양한 분야에서 활용될
것으로 예상됩니다. 그래서 10년 후의 미래 세상은 다음과 같은 특징
을 가질 것입니다.

1. 더욱 빠르고 정확한 의사 결정: 인공지능 기술의 발전으로 인해 기
   계는 인간보다 빠르고 정확하게 데이터를 처리하고 분석할 수 있
   습니다. 이러한 기술은 의사 결정을 내리는 일상적인 작업에서부터
   비즈니스 및 정치 결정에 이르기까지 광범위하게 활용될 것입니다.
2. 인간과 인공지능의 협업: 인공지능 기술이 발전하면서 인간과 인공
   지능이 함께 일하는 것이 보편화될 것입니다. 인공지능은 인간의

능력을 보완하고, 사람들이 처리할 수 없는 대용량 데이터를 처리하며, 이를 통해 더 나은 결과를 도출할 수 있게 될 것입니다.

3. 자율주행 기술의 확산: 현재 자율주행 기술은 이미 상용화되어 있지만, 10년 후에는 더욱 발전하고 보급될 것으로 예상됩니다. 이는 교통체증, 사고 예방 및 운전자의 편의성 증대 등의 이점을 가져다 줄 것입니다.

4. 가상현실 및 증강현실 기술의 발전: 인공지능과 함께 가상현실 및 증강현실 기술도 발전할 것입니다. 이러한 기술은 현재보다 훨씬 더 현실적이고 사실적인 환경을 제공하며, 교육, 엔터테인먼트 및 비즈니스 등 다양한 분야에서 활용될 것입니다.

5. 인공지능 기술의 윤리적 문제: 인공지능 기술의 발전으로 인해 윤리적 문제가 발생할 가능성이 있습니다. 예를 들어, 무분별한 개인정보 수집 및 활용, 인공지능의 판단력과 인간의 가치관이 상충될 경우 등이 그 예입니다. 이러한 문제들은 국제적인 합의와 규제가 필요할 것입니다.

6. 인간의 역할 변화: 인공지능 기술의 발전으로 인해 인간의 역할도 변화할 것입니다. 일부 직업은 자동화되고, 일부 역할은 인공지능에 의해 대체될 수 있지만, 새로운 직업과 역할도 생겨날 것입니다. 인간은 더욱 창의적이고 논리적인 역할을 맡을 가능성이 크며, 인공지능이 수행하지 못하는 과제를 맡을 것입니다.

7. 인공지능 기술의 보안 문제: 인공지능 기술의 발전은 새로운 보안 문제를 가져올 것입니다. 인공지능을 악용하거나 해킹하는 등의 문제가 발생할 수 있으며, 이러한 문제들은 보안 전문가들의 노력이 필요할 것입니다.

8. 인공지능 기술의 군사적 활용: 인공지능 기술은 군사적인 용도로도 활용될 것입니다. 무인전차, 드론 등의 무기 시스템에서 인공지능 기술이 적용될 가능성이 크며, 이는 군사적인 위협 요소로 작용할 수 있습니다.

9. 인공지능 기술의 경제적 이익: 인공지능 기술은 경제적 이익을 가

져올 것입니다. 인공지능이 적용된 새로운 제품과 서비스가 생겨나고, 기존 산업에서의 생산성이 향상될 것입니다. 이는 경제적인 성장과 발전을 이끌어낼 것입니다.

10. **인공지능 기술의 사회적 영향:** 인공지능 기술의 발전은 사회적 영향도 가져올 것입니다. 기술의 발전이 속도를 높이고, 사람들의 생활 방식이 바뀔 가능성이 크며, 이는 사회 구조와 가치관에 영향을 미칠 것입니다. 따라서 인공지능 기술의 발전은 사회적 합의와 규제가 필요할 것입니다

 인공지능의 발전에 따라 10년 후 우리가 맞이할 미래 세상의 모습은 어떨지 상상해줘.

인공지능(AI)은 우리 삶의 많은 부분을 변화시켰습니다. 우리는 이제 AI를 사용하여 개인화된 추천을 받고, 우리의 작업을 자동화하고, 새로운 것을 배우고 있습니다. 그러나 이것은 시작일 뿐입니다. 10년 안에 AI는 우리의 삶을 더욱 혁신하고 우리가 세상과 상호 작용하는 방식을 변화시킬 것입니다. 다음은 AI가 10년 안에 세상을 어떻게 변화시킬 수 있는지에 대한 몇 가지 예입니다.

1. AI는 의료를 혁신하고 질병을 치료하고 예방하는 새로운 방법을 개발하는 데 사용될 수 있습니다.
2. AI는 운송을 혁신하고 보다 효율적이고 안전한 교통 시스템을 만드는 데 사용될 수 있습니다.
3. AI는 교육을 혁신하고 보다 맞춤화되고 효과적인 학습 경험을 만드는 데 사용될 수 있습니다.
4. AI는 고객 서비스를 혁신하고 보다 개인화되고 유익한 고객 경험을

만드는 데 사용될 수 있습니다.
5. AI는 자율주행 자동차, 스마트 도시 및 가상 비서와 같은 새로운 기술의 개발로 이어질 것입니다.

이러한 변화는 우리 삶을 더 효율적이고 효과적이며 즐겁게 만들 것입니다. 그러나 우리는 AI의 잠재적인 위험에도 대비해야 합니다. 예를 들어 AI는 무기, 감시 시스템 및 선전을 만드는 데 사용될 수 있습니다. 또한 AI는 실업과 불평등을 초래할 수 있습니다.
전반적으로 AI는 우리의 삶을 혁신하고 우리 세상을 더 나은 곳으로 만들 수 있는 잠재력이 있습니다. 그러나 우리는 AI의 잠재적인 위험에도 대비해야 합니다.

인공지능이 향후 우리가 맞이할 미래 세상의 모습을 급속도로 변화시킬 것이라는 데 챗GPT와 바드 모두 이견이 없습니다. 지금까지의 인공지능이 이론과 현실의 경계선에 어느 정도 걸쳐져 있는 모습이었다면, 이제부터는 빠른 속도로 개개인의 삶과 사회를 바꾸게 될 것입니다.

이러한 변화는 특정한 사람이나 직업군에 국한되지 않을 것입니다. 개인의 삶은 물론 기업의 시스템, 사회 체제는 물론 심지어 국가의 기본적인 구조에 이르기까지 영향을 미칠 것이 분명하므로 사회적 합의를 위한 모두의 노력이 필요합니다. 더욱이 인공지능의 잠재적 위협을 꾸준히 경고하는 전문가들도 적지 않기 때문에 이 부분에 대해서도 경각심을 가져야 할 것입니다.

이런 미래상을 접하다 보면 자연스럽게 "그렇다면 인간의 역할은 무엇인가?"라는 질문에 다다르게 됩니다. 그러나 바드가 말했듯이 인공지능은 궁극적으로 우리의 삶을 혁신하고 세상을 더 나은 곳으로 만들 수 있는 잠재력을 지니고 있습니다. 마치 알라딘의 램프와도 같은 인공지능을 어떻게 발전시키고 활용할 것인가는 온전히 우리 인간의 몫이라 하겠습니다.

| 10년 후 우리나라의 미래 모습을 피카소 스타일로 그린 모습 |

출처: DALL-E

챗GPT와 생성형 AI,
부의 지도를 다시 그리다

| Artificial Intelligence & Investment |

01

왜 챗GPT 열풍을
주목해야 하는가

투자자 입장에서 생성형 AI, 챗GPT 열풍을 보면서 거꾸로 이렇게 묻고 싶었습니다.

"투자 및 금융 시장에서 인공지능은 신조어도 아니고 이전에도 종종 언급되던 주제 아닌가요?"

가깝게는 2016년 인공지능 알파고와 프로기사 이세돌의 역사적인 대국이 떠오르고, 조금 멀게는 스티븐 스필버그 감독의 2001년 영화 〈A. I. (에이아이)〉라는 영화가 떠오릅니다. 스필버그 감독이 그보다 뒤인 2018년 메타버스를 소재로 한 〈레디 플레이어원〉을 내놓은 것을 생각하면, 코로나 팬데믹 와중에 폭발했던 메타버스보다도 인공지능은 대중적인 측면에서 무려 17년이나 일찍 '엄청난 미래 혁신 기술', '언젠가 인간을 대체할지도 모르는 무언가'로 소비되었던 것입니다.

그런데 2001년이나 2016년 당시 투자와 금융 시장에 의미 있는 파급력을 미치지 못했던 인공지능이, 왜 "이번에는 다르다"고 말할 수 있을까요?

(이론적) 기업 가치 = 미래 현금 흐름 / 할인율

이론적인 기업 가치는 미래 현금 흐름을 현재 가치로 할인한 값인데, 인공지능 관련 기업들의 미래 현금 흐름에 대한 신뢰도가 과거 '매우 흐림'에서 '매우 맑음'으로 바뀌었습니다. "인공지능은 언제쯤이나 황금알을 낳는 거위가 될 것인가?"에 대한 꽤 오래된 회의와 의구심을 "곧 엄청난 황금알을 만질지도 몰라!"라는 강한 확신으로 바꿔놓은 게임 체인저가 바로 '챗GPT'입니다. 즉 대다수의 사람들에게 실질적인 도움을 주는 인공지능 기술이 나와서 해당 기업들의 인공지능 관련 매출도 나오기 시작했고, 써본 사람들은 추가적인 구독 비용을 지불할 정도의 매력적인 서비스를 제공하기 시작한 것입니다.

따라서 투자자 관점에서 챗GPT 열풍을 주목해야 하는 첫 번째 이유는 'IT 플랫폼' 측면의 잠재적 가치 반영 가능성입니다. 특히 오픈AI사의 경우 생성형 AI 모델 회사인데도 목표 고객을 기업 및 일부 전문가그룹으로 한정하지 않고 불특정 다수의 일반 고객을 대상으로 삼았다는 것은 의미가 있습니다. 기존에 없던 '생성형 AI 플랫폼'의 탄생과 고속 성장기에 진입했다는 관점에서 주목해야 한다는 뜻입니다.

IT 플랫폼(Platform) 기업의 적정 가치 분석에서 가장 직접적이고 핵심적인 지표는 활동 이용자(Active User)의 규모입니다. 기업수명주기(Business Life Cycle)상 도입부와 성장기에 위치한 산업의 가장 중요한 가치는 시장점유율을 높이는 것이므로 매출(=판매량×판매가격) 규모를 늘리는 것이 핵심인데, IT 플랫폼 기업의 잠재적 판매량은 곧 '활동 이용자(Active User)'이기 때문입니다. 구글, 메타플랫폼스의 주수입원은 광고 수익인데, 이 광고 수익도 결국 활동 이용자수와 그들의 이용시간(Active User Hour)에 좌우됩니다. 그런데 챗GPT의 월간 활동 이용자(MAU: Monthly Active User) 규모는 이미 출시 2개월 만인 2023년 1월 기준 1억 명을 돌파했습니다. UBS에 따르면 1억 명 월간 활동 이용자 달성에 소요된 기간은 틱톡 9개월, 인스타그램 30개월, 스포티파이 55개월, 우버 70개월이었으니 그야말로 IT 플랫폼의 새로운 역사를 쓰고 있는 것입니다.

이러한 활동 이용자수 급증을 바탕으로 2023년 2월 월 20달러의 유료구독 서비스인 '챗GPT Plus'를 개시했고, 기업 고객을 겨

냥한 '챗GPT 비즈니스' 서비스도 예고하면서 폭발적으로 늘어난
활동 이용자들에게 유료 전환을 시도 중입니다. 구독 비용을 지불
할 정도로 챗GPT 소비자들이 느끼는 이용 가치가 높다는 것을 방
증하는 것입니다.

| IT 플랫폼의 월간 활동 이용자수 1억 명 달성 기간 |

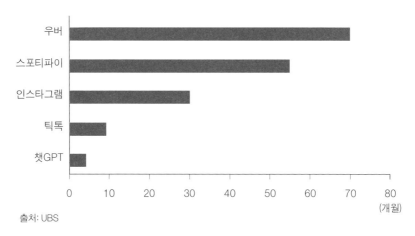

출처: UBS

둘째, 챗GPT가 기존 IT 서비스의 질적 개선을 이끌면서 구독자
증대 및 구독 요금 인상의 새로운 명분을 제공했다는 점도 관전
포인트입니다. 대표적으로 검색엔진 분야에서 '챗GPT'와 결합된
'빙(Bing)'의 앱 다운로드가 급증하면서 기존 구글 독주 체제의 판
세를 흔드는 데 일정 부분 성공했습니다. 검색엔진 시장의 각축
전은 곧 한정된 파이의 광고 수익 뺏기 경쟁인데, '빙' 입장에서는

판을 흔들어 일부 파이만 가져오기만 해도 큰 수확입니다. 더불어 마이크로소프트 오피스와도 챗GPT가 본격적으로 결합된다면 다양한 시너지 효과(파워포인트 및 엑셀 함수 제작 지원 등)가 기대되는데, 이를 통해 기존 구독 요금의 인상 명분이 발생할 수 있다는 점에서 AI 관련 기업들에게는 수익화의 기회요인이 될 수 있습니다.

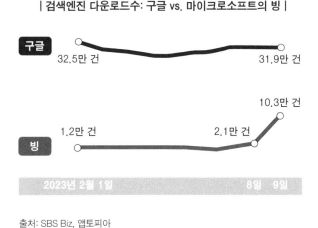

| 검색엔진 다운로드수: 구글 vs. 마이크로소프트의 빙 |

출처: SBS Biz, 앱토피아

셋째, GPT-4와 같은 생성형 AI 모델을 기반으로 한 '서비스형 앱 생태계'에 괄목할만한 고성장세가 나타날 수 있다는 점입니다. 마치 아이폰 탄생 이후 '애플 앱스토어'라는 스마트폰 중심의 앱 생태계가 본격화되면서 모바일 환경에 적합한 검색엔진, 메신저, 게임 등의 분야에서 킬러 앱(Killer App)들이 새롭게 IT 소프트웨어 시장을 재편했던 것처럼 말입니다. 그 시작은 오픈AI사의 GPT-4와 마이크로소프트의 클라우드 서비스 애저(Azure)와의 협업을 바탕으로 서비스형 앱 개발사들에게 인공지능 관련 API(응용 프로그램 접근 방법)를 판매하면서 진행될 것입니다. 예를 들어 카카오톡에서 챗GPT를 사용하게 되면 단어당 일정 금액을 지불하게 되는 구조입니다.

이러한 서비스형 앱 생태계는 챗봇을 통한 음악-그림-동영상-파워포인트-광고문구 제작 등의 앱으로 발전하고 있는데, 이 중 특정 고객을 타깃으로 하는 킬러 앱들이 상당히 탄생할 수 있다는 관점에서 보면 인공지능 가치사슬상 고위험 고수익이 가능할 수 있는 영역이 될 것입니다. 생성형 AI 모델을 보유한 빅테크 기업 입장에서 '서비스형 앱 생태계'의 고성장은 곧 API 관련 매출 증대와 클라우드 컴퓨팅 서비스의 동반된 수요 개선을 견인하므로 클라우드 부문 중심의 매출 개선이 기대됩니다.

정리하면 챗GPT 열풍은 기존에는 부재했던 AI 생태계에 뚜렷한 수익 모델을 제시한다는 점에서 반드시 주목해야 할 것입니다. IT 플랫폼 측면에서는 직접 구독과 광고 수익, 기존 서비스의 질적 개선 관점에서는 기존 구독료의 인상 명분, 그리고 무엇보다도 생성형 AI 모델을 기반으로 한 '서비스형 앱 생태계'가 고성장하면서 기회 요인이 발생할 수 있다는 점을 꼭 기억하기 바랍니다.

02

챗GPT가 메타버스나 코인(NFT)과 다른 이유

특정 시기마다 시대의 유행, 이른바 트렌드(trend)를 주도하는 키워드(key word) 혹은 주제(Thema)가 있습니다. 투자 및 금융 시장은 뜨거운 감자인 '돈'을 따진다는 점에서 이러한 시대의 키워드와 테마에 대단히 민감하게 반응합니다. 가까운 미래에 큰돈이 될 만한 혁신 기술 테마는 시장의 관심을 한몸에 받으며 투자자금을 빨아들이기도 하고, 성공 여부에 대한 격렬한 논쟁이 벌어지곤 합니다. 그런 의미에서 '챗GPT'는 2023년을 관통하는 핵심 키워드-테마인데, 투자자들은 본능적으로 바로 직전 히트 상품인 메타버스나 가상화폐와 견주어 미래 현금 흐름의 가시성, 유행의 지속 시간을 파악할 수밖에 없습니다. 글로벌 주식 시장의 테마형 펀드

(Thematic Fund)로 인공지능과 메타버스는 이미 출시되어 거래되고 있으니, 이를 바탕으로 주식 시장 테마로서의 상대적인 우월성과 지속성을 따져보겠습니다.

❶ 구글 트렌드로 살펴보는 투자 매력도

'구글 트렌드(Google Trend)'는 전 세계 검색엔진 시장의 90%를 장악한 구글 검색어의 추세를 실시간으로 보여주는 도구입니다. 대부분의 여론조사가 틀린 예측을 내놓았던 2016년 브렉시트나 도널드 트럼프의 대통령 당선 결과를 정확히 맞힌 것으로 명성을 얻었는데요. 비정형 데이터인 검색량에서 미래 예측의 의미 있는 특성을 추출했다는 점에서 텍스트 마이닝을 대중적으로 알기 쉽게 구현한 도구가 바로 구글 트렌드입니다. 이러한 구글 트렌드를 통해 검색어 '챗GPT(chat GPT)', '바드(Bard)'와 '메타버스(Metaverse)'가 인기 정점인 구글 트렌드 100점까지 도달하는 속도를 살펴보았는데 그 결과는 다음 페이지의 그림과 같습니다.

　2021년 당시 메타버스 열풍도 대단했지만, 구글 트렌드를 통해 인기 정점(100점)까지 도달 속도는 '챗GPT 13주(바드 11주) vs. 메타버스 38주'로 챗GPT의 압도적인 우위를 나타냈습니다. 구글 트렌드를 IT 플랫폼의 IP(지적재산권) 가치 추정 중 하나의 대용치 (Proxy)로 가정한다면, 챗GPT나 바드 등 생성형 AI의 초기 무형자

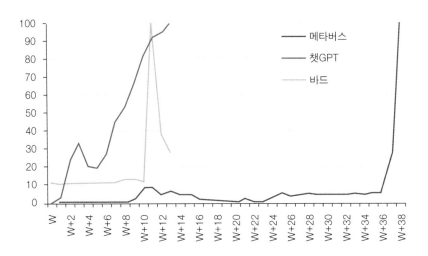

| 구글 트렌드 100점까지 도달하는 속도 |

산 생성 속도는 메타버스 대비 약 3배 차이로 우월하다고 추정할 수 있습니다.

❷ 글로벌 주식의 테마 지수로 살펴본 투자 매력도

메타버스와 인공지능 모두 글로벌 주식 시장에서 테마 형성이 근래에 이뤄졌다는 관점에서 테마 주가지수(Thematic Index) 중 상대적으로 오래된 시계열 데이터를 보유한 'BlueStar AI' 지수와 'Indxx 메타버스' 지수를 비교했음을 미리 알려드립니다.

우선 테마 주가지수의 5년간 누적수익률을 비교해본 결과, 여전히 메타버스 주가지수가 우위로 지난 2022년에는 최대 수익률

갭(누적수익률의 격차)을 나타내며 부진했으나 챗GPT 열풍에 힘입어 2023년 중 그 격차는 크게 좁혀지고 있습니다. 이를 통해 최근 주가 측면의 IT 트렌드는 생성형 AI 모멘텀이 지배 중이고, 수익률 갭이 좁혀진 폭은 아직 고점 대비 절반 수준입니다. 기간 역시 6개월 이내 수준이라는 관점에서 보면 주가 사이클상 인공지능 주가 반응은 회복 초기 국면 정도로 파악됩니다.

| 주가지수로 살펴본 인공지능 지수 vs. 메타버스 지수 |

❸ 글로벌 테마 지수의 이익 전망으로 살펴본 투자 매력도

챗GPT 열풍이 본격화된 2023년 초부터 인공지능 관련 기업의 주가 회복은 전문가 그룹인 애널리스트들의 이익 전망 개선까지 동반했다는 점에서 긍정적입니다. 일반적으로 주가는 미래 기업이익, 미래 현금 흐름을 선반영하는 경향이 있는데, 주가 상승과 기업이익 전망 상향 간에 반응 시차가 크지 않다는 점에서 챗GPT 효과는 가까운 미래 기업이익(12개월 예상)에도 우호적인 영향을 미치는 것으로 추정됩니다. 이에 비해 메타버스 기업군의 이익 전망은 상대적인 열위를 나타내며, IT 혁신 기술 중에서 가까운 미래에 돈이 될 것으로 보는 테마로는 전문가 그룹의 중지 역시 인공지능으로 모아지는 것으로 파악됩니다.

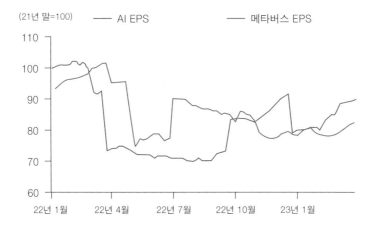

| EPS(주당순이익)로 살펴본 인공지능 지수 vs. 메타버스 지수 |

❹ 글로벌 테마 지수의 PER(주가수익비율)로 살펴본 투자 매력도

앞서 인공지능과 메타버스 테마 지수의 주가와 이익 전망을 살펴 봤으니 자연스럽게 PER(주가수익비율)을 따져볼 조건이 갖춰졌습 니다. 다음의 공식처럼 PER은 현 주가가 이익 전망 대비 고평가 인지, 저평가인지를 가늠하는 잣대이기 때문입니다.

PER(주가수익비율) = 주가 / 주당순이익

절대적인 PER 값, 그 자체는 인공지능 관련주가 더 큽니다. 인 공지능 기업의 PER은 40배 수준을 나타내는데, 이는 향후 1년 치 의 기업이익이 40년간 지속될 것이란 것을 반영한 것입니다. 성 장주의 경우 이렇게 먼 미래의 기업이익을 끌어오는 경향이 있는 데, 메타버스 기업군은 대략 30년간의 기업이익을 끌어와서 현 주 가를 설명할 수 있는 것이죠.

그런데 인공지능 관련주의 주가는 5년 누적수익률 기준으로 메 타버스 대비 덜 올랐는데 이익 전망의 개선폭은 커지고 있다고 했 습니다. 공식에 대입한다면 상대적으로 분자는 작고 분모는 커지 고 있으니, PER 값은 작아지겠죠. 즉 PER 측면의 저평가 매력은 상대적으로 메타버스보다 점차 커졌다고 볼 수 있습니다. 이러한 분석은 PER의 흐름 측면에서 그렇다는 것입니다.

PER 흐름을 본다면 인공지능은 2022년 이후 평균 수준을 하회한 반면, 메타버스는 평균 수준을 상회하고 있습니다. 즉 챗GTP 출시 이후에도 인공지능 PER은 직전 고점과 일정 거리를 유지하는 상황으로 고평가 논란은 제한적인 상황으로 판단합니다.

| PER로 살펴본 인공지능 지수 vs. 메타버스 지수 |

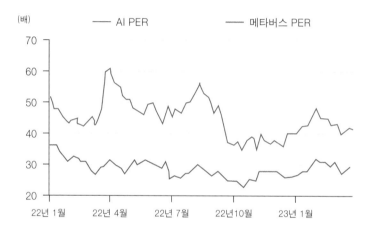

⑤ 아직 '인공지능 vs. 메타버스' 기업 구분은 명확하지 않다

글로벌 테마 지수를 통해 인공지능과 메타버스의 주가, 이익 전망, PER을 살펴봤고 결론적으로 인공지능은 언급한 4가지 기준으로 볼 때 유리한 것으로 확인되었습니다. 그런데 관련된 상품군의 주요 구성 종목을 분해하면 중첩된 종목군을 발견할 수 있습니다. 특히 일부 메타버스 ETF(KODEX 미국메타버스나스닥)에서는 대표적인 인공지능 관련주로 지목되는 엔비디아와 마이크로소프트 비중이 오히려 인공지능 ETF(ARIRANG 글로벌인공지능산업)보다도 높아서 관련 상품의 이름만 지우면 어떤 ETF가 과연 인공지능 ETF인가 전문가들조차 헷갈릴 정도입니다.

| ARIRANG 글로벌인공지능산업MV 주요 구성 종목 |

	보유 종목	비중(%)		보유 종목	비중(%)
1	NVIDIA Corp	4.30	6	Aspen Technology Inc	2.86
2	salesforce.com Inc	4.10	7	Adobe Inc	2.77
3	Microsoft Corp	3.07	8	HubSpot Inc	2.67
4	Splunk Inc	2.88	9	Zoom Video Communications Inc	2.59
5	SAPSE	2.86	10	Oracle Corp	2.54

출처: 한화자산운용

| KODEX미국메타버스나스닥액티브 주요 구성 종목 |

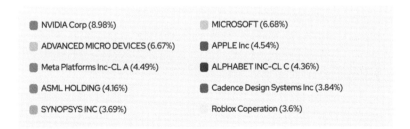

- NVIDIA Corp (8.98%)
- ADVANCED MICRO DEVICES (6.67%)
- Meta Platforms Inc-CL A (4.49%)
- ASML HOLDING (4.16%)
- SYNOPSYS INC (3.69%)
- MICROSOFT (6.68%)
- APPLE Inc (4.54%)
- ALPHABET INC-CL C (4.36%)
- Cadence Design Systems Inc (3.84%)
- Roblox Coperation (3.6%)

출처: 삼성자산운용

그럴 수밖에 없는 이유는 빅테크 기업들이 인공지능과 메타버스 양쪽 모두에 양다리를 걸쳤기 때문입니다. 메타버스 열풍을 이끈 선봉장은 엔비디아의 젠슨 황(Jensen Huang) CEO였는데, 2020년 10월 연례행사인 'GTC October 2020'에서의 연설문을 일부 인용하면 다음과 같습니다.

"우리는 이미 마인크래프트나 포트나이트 같은 메타버스 게임을 통해 초기 메타버스를 겪고 있습니다. 현재는 게임을 통하여 메타버스 거주자들이 도시를 건설하고, 콘서트와 각종 이벤트를 위해 모이고 친구들과도 교류하지만, 미래 메타버스는 인터넷 이후를 연결하는 가상현실 공간이 될 것입니다. 미래의 메타버스는 현실과 아주 비슷할 것이고 마치 소설《스노 크래시(Snow Crash)*》에서처럼 인간 아바타와 인공지능이 그 안에서 공존하게 될 것입니다."

그는 이미 메타버스와 인공지능의 공존을 예언한 것입니다.

메타버스 = 가상공간, 챗GPT = 가상비서, 코인 = 가상화폐

---

* 닐 스티븐슨이 1992년에 발표한 사이버펑크 소설로 가상세계의 개념을 처음으로 대중에게 소개한 기념비적인 SF소설이며, 오늘날 세컨드 라이프의 모티브가 된 것으로 평가받고 있다.

즉 챗GPT, 메타버스, 코인 등은 혁신 기술을 투자 및 금융 시장이 받아들인 유행의 시기가 다를 뿐 본질적으로 구분되는 개념적인 개념이라기보다는 상호 간에 중첩되고 영향을 주고받는, 밀접하게 얽혀있는 관계로 보는 것이 타당할 것입니다.

예를 들어 챗GPT를 포괄하는 인공지능 기술은 메타버스에서 아바타들의 욕망을 척척 찾아주거나, 인공지능 자체가 아바타의 아바타가 되어서 메타버스 내 활동을 대리해주는 기능을 수행할 수 있습니다. 그리고 메타버스 게임을 하면서 채굴하게 되는 토큰(Token)을 비접속 중에도 자동으로 얻게 하기 위해 내 아바타의 아바타들을 아주 많이 복제하여 내 아바타를 대리한다면 경제적으로는 안정적인 토큰 확보도 가능할 것입니다.

메타버스 플랫폼 기업의 입장에서 그래픽 관련 인건비를 'DALL-2'를 통해 절감하거나 코딩을 통한 프로그램 개발이 챗GPT를 통해 용이해진다면 혁신 기술을 통해 비용통제와 질적인 서비스 개선이라는 두 마리의 토끼를 잡을 수도 있겠고요. 따라서 장기적으로 인공지능, 메타버스, 코인 관련 블록체인 기술은 서로 경쟁하거나 대체하는 테마가 아닌 서로를 보완하고 동반성장이 가능한 혁신 기술이라고 판단합니다.

03

인공지능의
진정한 가치는 무엇인가

인공지능 산업 및 기업의 진정한 가치를 이해하기 위해서는 인공지능 산업의 각 공급사슬(supply chain)별 특징을 알고, 특정 공급사슬의 충격파가 어떻게 연쇄 효과를 일으키는지에 대한 개념 정립이 필요할 것입니다. 먼저 챗GPT에게 인공지능 산업의 각각의 공급사슬(supply chain)에 대해 설명을 부탁한 결과는 다음과 같습니다.

 인공지능 산업의 각각의 공급사슬(supply chain)에 대해서 알려줘.

① 데이터 수집(Data Acquisition)

공급망은 관련성 높은 고품질 데이터의 조달로 시작합니다. 이는 데이터베이스, 센서, API, 소셜 미디어 플랫폼 및 제3자 데이터 공급 업체에서 데이터를 수집하는 것을 포함합니다. 데이터 조달 과정은 AI 모델 훈련 및 정보 기반 의사 결정에 필요한 입력 데이터를 확보합니다.

② 데이터 준비(Data Preparation)

데이터를 확보한 후에는 AI 분석을 위해 데이터를 처리하고 준비해야 합니다. 이 단계에서는 데이터를 정제하고 잡음을 제거하며 결측값을 처리하고 데이터 품질을 보장합니다. 데이터 정규화, 특성 공학, 데이터 증강과 같은 데이터 전처리 기술을 적용하여 AI 알고리즘에 적합한 데이터로 만듭니다.

③ 모델 개발(Model Development)

다음 단계는 AI 모델의 개발입니다. 이 단계에서는 데이터에서 통찰력을 추출하고 예측할 수 있는 기계학습 또는 심층학습 알고리즘을 설계하고 구현합니다. 모델 개발에는 통계, 수학, 프로그래밍 및 도메인 지식에 대한 전문 지식이 필요하며, 특정 문제 또는 작업을 효과적으로 해결할 수 있는 모델을 만드는 데 사용됩니다.

④ 모델 훈련 및 검증(Model Training and Validation)

AI 모델은 대량의 데이터로 훈련되어 패턴을 학습하고 정확한 예측을 수행해야 합니다. 이를 위해 계산 자원과 데이터 처리를 위한 효율적인 알고리즘이 필요합니다. 교차 검증, 성능 지표와 같은 모델 검증 및 평가 기법을 사용하여 훈련된 모델의 품질과 신뢰성을 평가합니다.

⑤ 인프라 및 도구(Infrastructure and Tools)

AI 공급망은 AI 솔루션의 개발과 배포를 지원하기 위해 인프라와 도구가 필요합니다. 이에는 서버, GPU, 저장 시스템과 같은 하드웨어 자원

뿐만 아니라 데이터 처리, 모델 훈련, 배포를 위한 소프트웨어 도구와 프레임워크도 포함됩니다. 클라우드 플랫폼과 AI 개발 환경은 확장 가능하고 접근 가능한 자원을 제공하기 위해 일반적으로 사용됩니다.

⑥ 배포 및 통합
AI 모델이 개발되고 훈련된 후에는 대상 시스템이나 애플리케이션에 배포되고 통합되어야 합니다. 이는 API를 생성하거나 기존 소프트웨어 인프라에 모델을 통합하거나 엣지 디바이스나 클라우드 플랫폼에 배포하는 것을 포함합니다. 배포 과정을 통해 모델이 접근 가능하며 실제 환경에서 통찰력을 생성하거나 작업을 수행할 수 있습니다.

⑦ 모니터링 및 유지보수
배포 후에는 AI 시스템을 모니터링하고 유지보수하여 최적의 성능과 신뢰성을 유지해야 합니다. 이는 모델의 정확도를 모니터링하고 모델의 변동이나 저하를 감지하며 새로운 데이터가 이용 가능할 때 모델을 업데이트하는 것을 포함합니다. 정기적인 유지보수와 업데이트는 AI 솔루션의 문제나 개선 사항을 해결하기 위해 필요합니다.

이러한 인공지능의 7단계 공급사슬 모형을 챗GPT로 대표되는 생성형 AI 산업과 투자 실무에 적합하도록 보다 단계를 축소시켜 4단계 모형으로 간소화시켰습니다. 투자자 관점에서 '생성형 AI(예를 들어 GPT)'의 혁신을 통해 주가 촉매제(catalyst)가 발현된 것으로 본다면, 진원지인 생성형 AI 모델에서 나머지 주변부로 파급력이 전파되는 순서, 즉 공급사슬(supply chain)에 따라 다음과 같이 4단계 모형을 제시하고자 합니다.

1 생성형 AI 모델: ①~④ 단계

대규모의 비용이 필요한 생성형 AI 모델을 구축할 수 있는 빅테크 기업

2 생성형 AI 인프라: ⑤ 단계

생성형 AI 실제 운용에 필요한 핵심 인프라(반도체, IT 하드웨어, 통신장비 등) 관련 기업

3 생성형 AI 서비스형 소프트웨어: ⑥ 단계

생성형 AI를 활용하여 대고객 서비스 수단을 창출하는 기업 (SAAS)

4 생성형 AI 최적화 기업: ⑦ 단계

생성형 AI 소비를 통해 비즈니스 효율성을 최적화시키는 최종 고객군 기업

이러한 생성형 AI 공급사슬별 구분은 곧 AI 산업에 대한 투자 유니버스(Investment Universe)의 기준이 되어야 할 것입니다. 최근 4단계 중 가장 주가 성과가 좋았던 것은 2단계로, 1단계의 급격한 혁신화로 인한 컴퓨팅 니즈(Needs)가 AI 반도체 관련 모멘텀으로 급격하게 이동한 결과로 판단됩니다. 생성형 AI의 핵심

인프라로 GPU 등의 AI 관련 반도체들이 부각되면서 해당 분야 1 등 기업인 엔비디아(NVIDIA)의 수혜 가능성이 크게 부각된 결과일 것입니다.

| 생성형 AI 공급사슬 구조 |

생성형 AI 모델
• 대규모의 비용이 필요한 생성형 AI 모델을 구축할 수 있는 빅테크 기업
• MS(오픈AI), 알파벳, 바이두, 네이버

생성형 AI 인프라
• 생성형 AI 실제 운용에 필요한 핵심 인프라
• 반도체, IT 하드웨어, 통신장비 등
• 엔비디아, AMD

생성형 AI 서비스형 소프트웨어
• 생성형 AI를 활용하여 대고객 서비스 수단을 창출하는 기업(SAAS)
• 어도비, 메타플랫폼스

생성형 AI 최적화 기업
• 생성형 AI 소비를 통해 비즈니스 효율성을 최적화시키는 최종 고객군 기업
• 자율주행 관련 기술
• 테슬라

챗GPT가 선도하는 생성형 AI 시장의 투자 매력은 '혁신 기술의 S-커브'상 본격적으로 빠른 가속(Rapid Acceleration) 국면에 진입했다는 점입니다.

 혁신 기술의 S-커브에 대해서 알려줘.

혁신 기술의 S-커브는 기술이 시간이 지남에 따라 어떻게 채택되고 확산되는지를 나타내는 패턴을 말하는데, 기술 채택 속도와 누적 채택자수 간의 관계를 보여줍니다. S-커브는 'S'자 형태로 알려진 특징적인 모양을 가지고 있어 그 이름이 붙었습니다. 이는 세 가지 주요 단계로 구성됩니다.

1. 초기 성장의 둔화(Initial Slow Growth): 새로운 기술이 도입되는 초기 단계에서는 채택 속도가 보통 느립니다. 이는 인식의 한정, 높은 비용, 기술적인 도전 또는 잠재적 사용자의 회의로 인한 것입니다. 이 단계에서는 일부 이노베이터와 초기 채용자만이 해당 기술을 받아들입니다.

2. 빠른 가속(Rapid Acceleration): 기술이 성숙되고 초기 장애물을 극복하면 급격한 성장 단계로 진입합니다. 더 많은 사람들이 해당 기술을 인식하고 채택하기 시작합니다. 이 단계는 기술이 힘을 얻고 접근성, 가격 대비성 및 사용자 친화성이 향상되면서 채택자수가 지수적으로 증가하는 특징을 보입니다.

3. 포화 및 감소(Saturation and Slowdown): 언젠가는 채택 속도가 감소하며 기술이 포화 지점에 도달하게 됩니다. 이는 대상 시장이나 인구의 대다수가 이미 해당 기술을 채택했을 때 발생합니다. 남은 잠재적 사용자들은 변화에 저항하는 늦은 채용자들일 수 있으며, 채택에 대한 특정 장벽이 있거나 해당 기술에 대한 필요성이 적을 수도 있습니다.

혁신 기술의 S-커브는 기술 발전, 시장 수요, 규제 프레임워크, 사회적 수용 및 네트워크 효과와 같은 다양한 요소에 영향을 받습니다. 각 단계의 기간과 전체적인 커브의 형태는 특정 기술과 그 문맥에 따라 달라질 수 있음을 주목해야 합니다.

| 혁신 기술의 S-커브 |

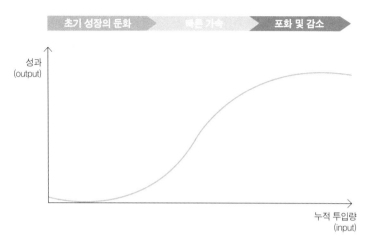

초기 성장의 둔화　　빠른 가속　　포화 및 감소

성과
(output)

누적 투입량
(input)

| 혁신 기술의 S-커브 사례 |

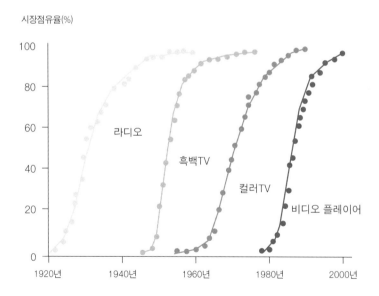

시장점유율(%)

라디오

흑백TV

컬러TV

비디오 플레이어

출처: 언론 종합

72

'혁신 기술의 S-커브'로 보아 본격적으로 '빠른 가속(Rapid Acceleration)' 국면에 진입했다는 근거로는, 생성형 AI 모델 기업군의 '파라미터(parameter, 매개변수)[*]' 규모가 급격한 S-커브에 선행적으로 진입했다는 점을 들 수 있습니다.

생성형 AI인 GPT-3의 경우 1,750억 개의 파라미터를 활용했는데, 업그레이드된 GPT-4는 세부적으로 공개되지 않았으나 훨씬 많은 데이터와 파라미터를 이용하는 것으로 알려져 있습니다. 챗GPT 이상의 안정적인 성능을 지향할 경우 엄청난 데이터와 파라미터를 투입해야 대중들이 만족할만한 성과를 낼 수 있다는 점에서 공급사슬상 주변부의 파장을 일으킬 엄청난 진동이 발생한 것으로 봐야 할 것입니다.

생성형 AI 모델 기업군의 '데이터 & 파라미터' 경쟁은 생성형 AI 인프라 기업군의 '컴퓨팅 파워' 확대로 AI 반도체 수요를 자극하고, 생성형 AI 서비스형 소프트웨어 기업군에게는 특정 분야에 특화된 다양한 앱 개발(API) 시도로 이어질 것입니다. 즉 생성형 AI 가치사슬상 중심부인 생성형 AI 모델 기업군에서 점차 주변부로 '채찍 효과(bullwhip effect)[**]'가 강화되는 것입니다.

---

[*]   머신러닝에서 모델이 스스로 내부에서 결정하는 변수 또는 가중치를 의미하며, 뉴런 사이에서 정보를 전달하는 시냅스와 같은 역할을 한다. 참고로 인간의 뇌는 약 100조 개의 시냅스로 구성되어 있다.
[**]   하류의 고객 주문 정보가 상류로 전달되면서 정보가 왜곡되고 확대되는 현상

그리고 주가 모멘텀 역시 공급사슬상 생성형 AI 모델 기업군과 가장 근접하고 있는 생성형 AI 인프라 기업군(엔비디아)으로 1차적으로 파급되고, 2차적으로는 생성형 AI 서비스형 소프트웨어 기업군으로 온기가 전해질 것으로 보입니다.

한편 지진의 근원지인 생성형 AI 모델 기업군은 혁신 기술의 S-커브에서 보는 것처럼 여전히 엄청난 자원의 투입(input)이 성과

| 급증하는 인공 신경망 파라미터 수 |

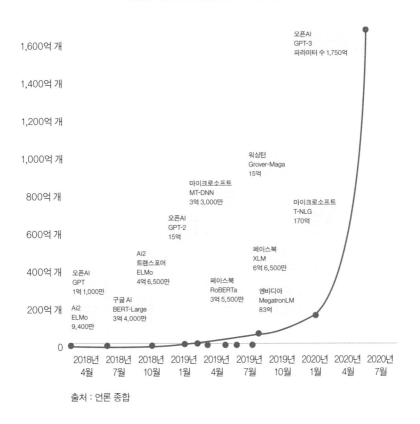

출처 : 언론 종합

(output)보다 과도한 국면이므로 재무적 안정성 측면에서 부담스러운 상황입니다. 따라서 중단기 측면에서는 '투입(input)=성과(output)'가 만나는 시기가 혁신 기술의 사실상 승리를 확정 짓는 티핑포인트(Tipping Point)로서 적극적인 비중 확대 시기가 될 것으로 예상합니다.

| 생성형 AI를 둘러싼 미중 빅테크 기업들의 경쟁 현황 |

기업명	대표 생성형 AI	파라미터 (매개변수) 수	특징
오픈AI	GPT-3.5	1,750억 개	대화형 생성 AI '챗GPT'에 적용, MS와 협업해 검색엔진 '빙', 클라우드 '애저' 등에 챗GPT 탑재
구글	람다(LaMDA)	1,370억 개	대화형 생성 AI '바드'에 적용
메타	라마(LLaMA)	650억 개	오픈소스
바이두	어니 3.0 타이탄	2,600억 개	대화형 생성 AI에 적용할 예정

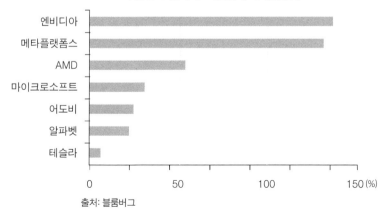

| 챗GPT 출시 후 기업별 주가 상승률 |

출처: 블룸버그

04

장기투자의 관점에서
인공지능의 히든 밸류

챗GPT로 대표되는 '생성형 AI'의 본격적인 개화가 IT 분야의 '혁
명적 사건'에 해당된다고 일정 부분 확신한다면 장기투자 관점에
서 인공지능 산업의 공급사슬별 1~2등 종목들을 분할매수해야 할
것입니다. 왜냐하면 IT 혁신 제품과 플랫폼이 탄생되는 초기에 보
통의 투자자가 '혁명적 사건'으로 판단하고 긴 그림의 숨겨진 깊은
뜻, 히든 밸류(Hidden Value)를 일일이 파악하면서 장기투자하기란
쉽지 않기 때문입니다. 즉 인공지능의 히든 밸류 역시 수면 아래
커다란 암초처럼 도사리고 있는데, 뚜렷하진 않지만 이러한 암초
를 파악하기 위해서는 과거 '혁명적 사건'과의 경험적 비교가 중요
할 것입니다. 무엇보다 챗GPT의 사용 가치를 윈도우-95나 아이폰

당시와 비교할 필요가 있습니다.

윈도우95 이전까지 도스(DOS) 환경에서 컴퓨터 운영체제를 다루기는 너무 어려웠지만, 윈도우95 이후 시각적 이미지 중심의 알기 쉬운 사용자 편의성으로 발전하면서 컴퓨터 접근의 문턱을 혁명적으로 낮췄습니다. 아이폰 역시 전통적인 휴대전화의 기능에 인터넷, 미디어 등 PC나 MP3에서 구현되는 기능을 탑재하면서 오늘날 스마트폰 시장을 활짝 열었습니다. 챗GPT 역시 인공지능의 문턱을 낮추고 특정 전문가 집단을 위한 도구가 아닌 불특정 비전문가 집단의 편의성을 크게 높였다는 점에서 상당한 유사성이 있다고 생각합니다.

물론 짐작하는 대로 윈도우95가 출시(1995년 8월 15일)된 해인 1995년 말 마이크로소프트의 주가는 5.48달러였으나 10년 후 2005년 말에는 26.2달러로 4.8배 상승했고, 아이폰이 출시(2007년 6월 29일)된 2007년 말 애플 주가는 7달러였지만 10년 후 2017년 말에는 42.3달러로 6배나 급등했습니다. 윈도우95 이후 PC 시장의 고성장과 아이폰 이후 스마트폰 시장의 고성장, 기존에 없던 새로운 시장의 개척자라는 히든 밸류가 이렇게 대단한 장기 주가 상승을 이뤄낸 것입니다. 만약 1995년 혹은 2007년으로 되돌아갈 수 있다면 윈도우95나 아이폰을 사용해보고 감탄하는 데 그치지 말고 주식을 사야 하지 않을까요?

윈도우95 출시 이후 10년간 마이크로소프트의 주가 추이

아이폰 출시 이후 10년간 애플의 주가 추이

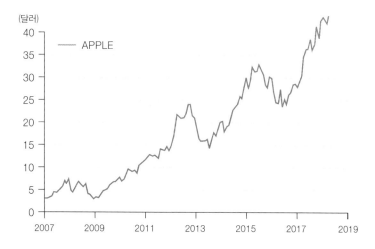

챗GPT로 인한 '생성형 AI' 신시장이 본격적으로 개화된 것이라면 장기투자 관점에서 시장 장악이 확실시되는 생성형 AI 모델 기업군 중 1~2위 업체는 긴 그림으로 볼 때 분할매수를 고민해볼 만합니다.

한편 챗GPT를 통해 생성형 AI 모델 기업의 고유한 히든 밸류를 찾아봤습니다.

첫째, 양질의 충분한 데이터셋(Data Set)이 대단히 중요합니다. 입력값(input)이 충분하지 못하다면 결과값(output)의 적합성은 훼손될 수밖에 없습니다. 이를 감안하면 한국어와 중국어의 데이터셋 우위를 점한 로컬 대표 기업들(네이버, 바이두 등)은 유리한 측면이 있습니다.

둘째, 기존 클라우드 서비스를 통한 컴퓨팅 파워를 바탕으로 API 형태의 기업 간(B2B) 거래의 신규 수요를 창출할 기업들이 우위를 점할 가능성이 큽니다. 기존 내재화된 인프라를 통해 컴퓨팅과 관련한 비용부담을 경감시킬 수 있고, 기존 API 형태로 서비스형 소프트웨어 기업군의 신규 수요 대응능력이 탁월하다는 점도 장점이 될 것입니다.

셋째, 이미 구축한 연구개발의 성과로 취득한 특허(IP)나 고급 전문인력은 인공지능 시장의 확장과 함께 그 가치가 배가될 것입니다.

| 사용자가 많은 검색엔진을 보유하고 있으므로 양질의 데이터셋을 보유 | 클라우드 서비스를 통한 컴퓨팅 파워로 API 형태의 기업 간 거래(B2B) 신규 수요 창출 |

기존 AI 부문에 대한 충분한
연구개발로 관련된 기술력

'지역-언어-문화' 감수성이 데이터셋별로 집적되는 차이가 존재한다는 점에서
결국 현지화(Loclization) 및 토종 생성형 AI 모델 군웅 가능성
- NAVER, 바이두

05

인공지능 산업에 대한
오해와 진실

❶ 경기가 둔화될 거라고 하는데 인공지능 산업은 괜찮을까요?

　　　　글로벌 경기둔화에도 인공지능 산업의 경쟁력은 유지될 수 있나?

글로벌 경기 둔화에도 불구하고 인공지능 산업은 여전히 경쟁력이 있습니다. 그 이유는 다음과 같습니다.

Bard

• 인공지능은 여러 산업에 혁명을 일으킬 수 있는 잠재력이 있기 때문입니다. 예를 들어, 인공지능은 제조, 의료 및 금융을 포함한 여러 산업에서 효율성을 개선하고 비용을 절감하는 데 사용될 수 있습니다.
• 인공지능은 지속적으로 발전하고 있기 때문에 인공지능 산업은 여전히 경쟁력이 있습니다. 인공지능은 더 강력하고 효율적으로 발전하고 있으며, 이는 인공지능이 더 많은 산업에 적용될 수 있음을 의미합니다.

• 인공지능은 여러 국가에서 지원받고 있기 때문에 인공지능 산업은 여전히 경쟁력이 있습니다. 여러 국가에서 인공지능 연구 개발에 투자하고 있으며, 이는 인공지능 산업이 성장할 수 있는 환경을 조성하는 데 도움이 됩니다.

그러나 글로벌 경기 둔화는 인공지능 산업에 몇 가지 도전을 제기할 것입니다. 예를 들어, 기업은 인공지능에 투자할 자금이 줄어들 수 있으며, 이는 인공지능 산업의 성장 속도를 늦출 수 있습니다. 또한 경기 침체로 인해 인공지능 제품과 서비스에 대한 수요가 감소할 수도 있습니다.

전반적으로 글로벌 경기 둔화에도 불구하고 인공지능 산업은 여전히 경쟁력이 있습니다. 인공지능은 여러 산업에 혁명을 일으킬 수 있는 잠재력이 있으며, 인공지능은 지속적으로 발전하고 있습니다. 또한 인공지능은 여러 국가에서 지원받고 있습니다. 그러나 글로벌 경기 둔화는 인공지능 산업이 해결해야 할 몇 가지 과제를 제시할 것입니다.

국제통화기금(IMF)이 제시하는 전 세계 경제성장률(실질 GDP 전년비)은 2022년 3.4%에서 2023년 2.8%로 둔화될 것으로 전망하고 있습니다. 특히 인공지능 산업을 주도하는 선진국 경제는 2022년 2.7%에서 2023년 1.3%로 경제성장률이 무려 절반가량 둔화되는 부진을 보일 것으로 예상되는데요. 이러한 경기둔화 움직임 속에서 인공지능 산업만 악영향을 피해 갈 수 있을지, 관련한 주가 흐름을 낙관할 수 있을지 고민됩니다.

현재 인공지능 관련 종목들이 빅테크(Big Tech) 혁신 기업임을 감안하여 과거 경기둔화기(미국경기선행지수 하향기)의 상대 주가 (S&P500 IT업종지수/ S&P500 지수)를 살펴보았습니다. 2000년 초반 IT 버블 붕괴 사례를 제외하면 경기둔화기에도 IT 업종의 상대 주가는 비교적 견조하고 안정적인 상승 흐름을 유지하는 것을 확인할 수 있습니다. 즉 IT 업종의 주가는 경기둔화에 대해서 시장 대비 버티는 힘이 제법 강하고, 때로는 역으로 강한 상승 랠리도 가능했던 것입니다. 그리고 또 한 가지 눈여겨볼 포인트는 윈도우 95 출시(1995) 이후 6개월 만에 미국 경기선행지수 전년동월비가 마이너스 권역까지 하락했고, 아이폰 출시 당시(2007) 이미 마이너스 권역이었으며 1년 후 금융위기까지 겹치는 시기였다는 점입니다. '경기둔화-경제위기'에도 세상을 바꿀 혁신적인 IT 기술과 제품의 탄생은 멈추지 않았고, 이를 바탕으로 '경기둔화-경제위기'를 다른 어떤 산업보다도 잘 극복했으며 위기 이후 새로운 세상을 여는 큰 동력이 된 것입니다.

챗GPT 역시 미국 경기선행지수의 완연한 하락기에 세상을 마주했고(2022년 11월 30일 출시), AI 관련주들은 이를 기점으로 긍정적인 반응이 개시되었다는 점에서 과거 사례와의 유사성이 큽니다. 더불어 중장기적인 반응은 과거 윈도우95와 아이폰 출시 이후 흐름이 좋은 참고가 될 것입니다.

출처: 블룸버그

골드만삭스에 따르면 생성형 AI 도구가 기업의 비즈니스 현장과 사회 전반에 적용됨에 따라 앞으로 10년 동안 전 세계 국내총생산(GDP)은 7%(또는 거의 7조 달러) 증가하고 생산성은 1.5%p 증가할 수 있다고 보고하고 있습니다. 조금 더 학술적으로 설명하자면 기술 혁신에 의한 생산성의 긍정적 변화는 거시경제학상 총공급(AS)을 우측으로 이동시키면서 국민소득(Y)을 개선시키게 됩니다. 즉 생성형 AI가 인간이 만든 결과물과 구별할 수 없는 정도의 콘텐츠를 생성하고 인간과 기계 간의 의사소통이 원활해지는 것은 기술 혁신의 의한 생산성의 발전이라는 것을 부인할 수 없고, 이는 궁극적으로 중장기적이고 거시경제학적인 경기개선 요인이 되는 것입니다. 기업의 미래 현금 흐름 창출 능력은 곧 기업 가치이므로, 인공지능 기업의 주가가 건조한 것은 충분히 이해될만하다고 생각합니다.

물론 인공지능의 새로운 물결은 전 세계 고용 시장에도 영향을 미칠 것이고, 특히 "일자리 대체 효과로 인해 실업률이 증가한다면 오히려 경기둔화를 초래하는 것 아닌가?"라고 반문할 수 있습니다. 일부 전문가들의 분석에 따르면 선진국 일자리의 25~50%는 인공지능에 의한 자동화로 대체될 가능성이 있는 것으로 추정되기도 합니다. 그러나 인공지능 자동화로 인한 대체 효과가 곧바로 일자리 축소로 연결될 가능성은 선별적으로 봐야할 것입니다. 생성형 AI 도래 이전부터 이른바 특정 목적으로 사용되는 산업용 AI(industrial AI), 예를 들면 공장의 조립용 AI, 패키징 AI, 검사용 AI 등은 이미 오랜 기간 사용되었는데, 일부 일자리 대체 효과도 있지만 오히려 업무 효율성을 배가시키는 보완 효과가 상당했습니다. 이처럼 이제 막 개화된 생성형 AI는 인간 노동자와의 상당한 공존기를 거치게 될 것입니다.

그리고 기술 혁신으로 사라진 일자리는 새로운 일자리 창출로 완충되기도 합니다. 예를 들어 IT 혁신은 웹 디자이너, 소프트웨어 개발자, 디지털 마케터와 같은 새로운 직업 창출을 이끌었고, 최근 도입되려는 생성형 AI와 원활한 소통을 이끄는 '프롬프트 엔지니어' 역시 과거 트렌드와 닮아 있습니다. 또한 생성형 AI의 결과물로 특정 기업군의 높은 소득 증가가 나타난다면, 해당 지역 경제의 낙수 효과, 공급사슬 기업의 연쇄적인 일자리 창출 효과도 기대할 수 있습니다.

② 글로벌 인플레이션 압력에도 인공지능 산업은 괜찮을까요?

 글로벌 인플레이션 압력에도 인공지능 산업의 경쟁력은 유지될 수 있나?

글로벌 인플레이션 압력은 경제적인 영향을 미치는 요소 중 하나입니다. 그러나 인공지능 산업은 여러 가지 이유로 경쟁력을 유지할 수 있습니다.

첫째, 인공지능은 기술 혁신과 자동화를 통해 생산성을 향상시킵니다. 이를 통해 기업은 더 효율적으로 생산하고 경쟁력을 확보할 수 있습니다. 인공지능은 비용을 절감하고 생산량을 증가시킬 수 있으며, 이는 인플레이션 압력을 완화하는 데 도움이 될 수 있습니다.

둘째, 인공지능은 다양한 산업 부문에서 혁신과 개선을 이끌어냅니다. 예를 들어 의료, 금융, 제조, 물류 등 다양한 분야에서 인공지능은 데이터 분석, 예측, 자동화 등에 활용됩니다. 이러한 혁신은 기업들이 새로운 시장 기회를 창출하고 경쟁력을 강화하는 데 도움이 될 수 있습니다.

셋째, 글로벌 인플레이션 압력이 있더라도 인공지능 산업은 국제 시장에서 성장할 수 있습니다. 인공지능 기술은 경계를 초월하여 전 세계적으로 적용될 수 있으며, 기술 혁신과 지식 공유는 국경을 넘어 이루어집니다. 따라서 글로벌 인플레이션 압력이 있더라도 인공지능 기술은 다양한 국가와 기업 간의 경쟁에서 경쟁력을 유지할 수 있습니다.

마지막으로, 정부와 규제 기관의 역할도 중요합니다. 정부는 인공지능 산업을 지원하고 육성하기 위해 정책적인 지원과 자금 조달을 제공할 수 있습니다. 또한 규제 기관은 적절한 규제를 통해 산업의 안정성과 신뢰도를 보장할 수 있습니다. 그러나 인플레이션 압력은 경제 환경의 변화에 따라 인공지능 산업에도 영향을 미칠 수 있습니다. 따라서 기업은 변화하는 경제 조건을 파악하고 적절한 전략을 수립하는 것이 중요합니다.

국제통화기금(IMF)이 제시하는 전 세계 물가상승률(실질 인플레이션 전년비)은 2022년 8.7%에서 2023년 7.0%로 하락할 것으로 예상되며, 이는 국제상품 가격 하락에 따른 것으로 보고 있습니다. 그러나 에너지 및 식료품 가격을 제외한 핵심 인플레이션은 더 천천히 하락할 가능성이 있다고 IMF는 판단하고 있습니다. 따라서 2025년 이전에는 인플레이션이 목표 수준으로 돌아갈 가능성이 낮다고 합니다. 즉 고물가 수준은 아직도 상당 기간 동안 유지될 것인데요.

미국 물가수준(미국 소비자물가지수 전년동월비)과 IT 업종의 상대주가(S&P500 IT업종지수/ S&P500 지수)를 지난 10년간 추적해봤습니다. 2021년 말 소비자물가지수 7%대 이전까지도 IT 업종의 상대 주가는 중장기적인 상승세를 유지했던 것이 확인됩니다. 즉 IT 업종의 주가는 일정 수준의 인플레이션 압력은 잘 견뎌내고, 4%대 이하의 물가상승에서는 시장주도력이 대단히 크다는 것을 알 수 있습니다. 최근 미국 소비자물가지수는 4%대까지 하향 안정세가 시도되고 있습니다.

| 미국 소비자 물가지수와 IT 업종의 상대 주가 |

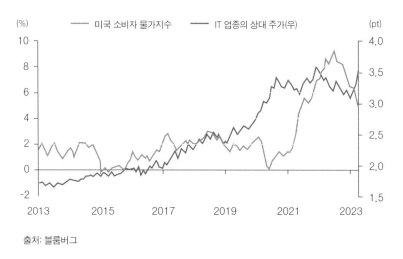

출처: 블룸버그

글로벌 인플레이션 압력이 AI 기업에게도 무서운 것은 "고물가로 인해 소비자들의 구매력이 나빠져서 지갑을 안 열면 안 되는데…"하는 걱정 때문인데요. 고물가를 초래했던 이유가 러시아-우크라이나 전쟁에 따른 유가, 원자재, 곡물 가격 등의 공급 문제

였는데, 이러한 악영향은 이미 최악을 지나 점차 대응의 영역으로 진행 중입니다. 특히 AI 분야를 포함한 IT 업계는 고물가가 아닌 오히려 저물가 영역까지 선제적인 조정을 거치며 소비자들을 유인하기 좋은 가격경쟁력을 갖춰가고 있습니다.

미국의 IT 관련 생산자 및 소비자 물가는 이미 전체 고물가와는 딴판의 세상으로 하락했고, '생성형 AI'라는 새로운 수요의 공급 사슬상 채찍 효과를 기다리는 형국이라고 판단합니다. 무엇보다도 싸졌을 때 미리 사는 것이 합리적인 소비라고 본다면 '생성형 AI' 공급사슬에 위치한 기업군들에 대한 투자는 선제적이고 합리적인 투자라고 유추해 볼 수 있습니다.

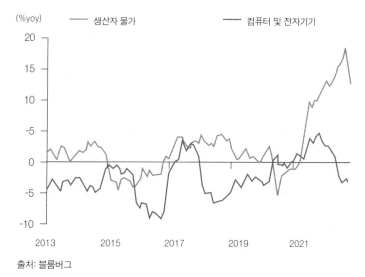

| 미국 생산자 물가와 IT 관련 물가지수 |

출처: 블룸버그

❸ 인공지능 종목들은 이미 많이 올라서 끝물 아닌가요?

거시경제 측면에서 글로벌 경기둔화와 인플레이션 악영향이 인공지능 산업에 미치는 효과를 나름대로 살펴봤는데요. 그렇다면 이번에는 인공지능 대표주와 이를 반영하는 테마 지수(Thematic Index)에 대한 가치평가(valuation) 도구를 활용하여 정말 끝물인지 아닌지를 가늠하려고 합니다.

기본적인 방법론은 가치평가 도구의 5년래(2017년 이후) 수준과 현 위치와의 비교입니다. 생성형 AI 업계의 양대 축인 마이크로소프트와 알파벳, 그리고 인공지능 인프라의 대표주인 엔비디아의 경우 가치평가상 현 위치를 정확히 알고 과거 수준과 비교하는 노력이 필요한데요. 이 중에서 PER, PSR을 반드시 참고하기 바랍니다.

여기에서는 마이크로소프트로 가치평가 예시를 들어 보겠습니다. 마이크로소프트의 PER(Price/Forward Earnings)은 28.17배로 5년래 고점인 36.9배(2021년)보다는 낮은 반면, 저점인 23.36배(2018년)보다 높은 수준으로, 5년 평균 수준인 29.48배를 하회하는 상황입니다. 즉 지난 5년 평균보다 낮다는 것은 일반적으로 밸류에이션 부담이 크지 않다고 볼 수 있으며, 인공지능 대표 기업으로서 성장 프리미엄이 과도하게 반영되지는 않아 현재 투자 매력은 충분하다고 판단할 수 있습니다. 같은 방식으로 성장주의 가치

평가 수준으로 활용되는 PSR(Price/Sales)은 11.14배로 5년래 고점인 14.48배(2021년)보다 낮고, 저점인 6.88배(2018년)보다 높은 수준이며, 5년 평균 수준인 7.91배보다는 높은 상황입니다. PSR 측면에서는 PER보다 투자 매력은 다소 약한 상황으로 해석할 수 있습니다.

| 마이크로소프트의 밸류에이션 지표 |

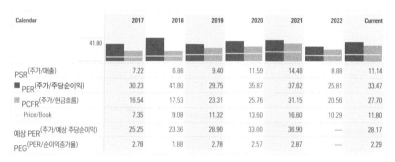

Calendar	2017	2018	2019	2020	2021	2022	Current
PSR (주가/매출)	7.22	6.88	9.40	11.59	14.48	8.88	11.14
■ PER (주가/주당순이익)	30.23	41.80	29.75	35.87	37.62	25.81	33.47
■ PCFR (주가/현금흐름)	16.54	17.53	23.31	25.76	31.15	20.56	27.70
Price/Book	7.35	9.08	11.32	13.60	16.60	10.29	11.80
예상 PER (주가/예상 주당이익)	25.25	23.36	28.90	33.00	36.90	—	28.17
PEG (PER/순이익증가율)	2.78	1.88	2.78	2.57	2.87	—	2.29

출처: 모닝스타

인공지능 대표 기업군의 상당수는 빅테크 기업이라는 점에서 예상 주당순이익(EPS) 대비 주가를 따지는 것은 나름의 의미가 있습니다. 빅테크 기업의 순이익 중 순수하게 인공지능 부문만의 순이익을 따로 떼어놓고 분석한 것이 아니기 때문에 기존 주력 사업 부문, 특히 마이크로소프트를 예로 든다면 기존 OS(오피스 등) 부문이나 클라우드 서비스(Azure)의 순이익이 전체 예상이익을 차지할 것이므로 인공지능 부문만의 성장성을 정확히 보기에는 무리가 따릅니다. 그러나 기존 사업부의 잉여자원과 현금 흐름 창출 능력이 결국 인공지능 부문과의 시너지 효과를 좌우한다는 점에서 이것도 의미는 있습니다.

인공지능 지수인 ROBO Global AI 지수를 활용하여 PER(12개월 선행) 추이를 살펴본 결과, 마이크로소프트처럼 역사적 고점과는 괴리도를 유지한 상황이며, 2019년 이후 평균보다 낮은 수준으로 저평가 영역에 머물러 있습니다. PER은 '주가/예상순이익'으로 정의하는데, 인공지능 기업군은 순이익 대비 아직 저평가 영역에 있는 것으로 평가할 수 있습니다.

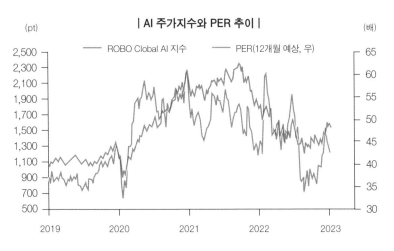

| AI 주가지수와 PER 추이 |

출처: 블룸버그

같은 방식으로 AI 주가지수의 PSR도 살펴봤습니다. PSR은 '주가/매출액'으로 계산하는데, AI 산업처럼 신산업 성장주 평가 시에 유용한 지표로 알려져 있습니다. 성장주의 경우 매출 중심의 외형성장을 통한 시장점유율 확대가 1차적으로 중요하기 때문에 때로는 이익도 포기하는 출혈 경쟁도 해야 하는 초기 시장이니까요. 순이익에서 적자나 소폭의 이익 수준을 유지하는 경우가 다수 나타날 수 있으나, 매출 규모가 커질 수 있다면 희생해야 하는 국면인 것이죠. PSR은 현재 5배 전후 수준으로 2021년 고점 수준인 8배, 그리고 2019년 이후 평균 수준인 5.63배보다 저평가된 수준입니다. 즉 AI 기업군의 주가는 현재 매출액 대비로 보면 저평가 영역이라고 판단할 수 있습니다.

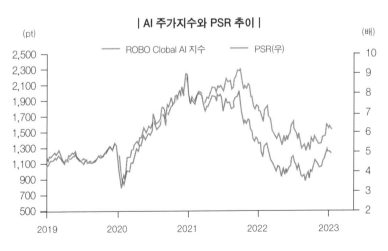

| AI 주가지수와 PSR 추이 |

출처: 블룸버그

따라서 "인공지능 종목들은 이미 많이 올라서 끝물 아닌가?"라는 의문에 대해 가치평가 도구를 통해 내린 결론은 "아닙니다. 끝물이 아니라 역사적 평균 수준 정도의 PER, PSR에 머물고 있어서 생성형 AI로 인한 성장 프리미엄이 본격적으로 반영되지 않았습니다"라고 답해야 하겠습니다.

06

인공지능 산업에 투자하는 법

 인공지능 산업에 투자하는 법을 알려줘.

Chat GPT

인공지능(AI) 산업에 투자하는 방법은 다양하지만, 아래에 일반적인 가이드라인을 제시해 드리겠습니다. 투자는 항상 위험이 따르므로 투자 결정을 내리기 전에 전문적인 금융 조언을 구하는 것이 좋습니다.

1. 연구 및 분석: AI 산업에 투자하기 전에 산업 동향과 기업의 재무 상태, 기술 혁신 등을 철저히 연구하고 분석해야 합니다. 기업의 재무 보고서, 기업의 비즈니스 전략, 경쟁사 분석 등을 통해 기업의 가치를 평가하고 잠재적인 성장 가능성을 확인해야 니다.
2. 다각화된 투자 방식: AI 산업에는 다양한 세부 분야가 존재하므로, 여러 방식으로 투자를 다각화하는 것이 중요합니다. 주식 투자, 투자형 사업에 대한 투자, AI 기술을 활용한 스타트업에 투자 등을 고

려할 수 있습니다.

3. 인공지능 기업 주식: AI 기업의 주식에 직접 투자하는 것은 일반적인 방법 중 하나입니다. AI 분야의 주요 기업을 선택하고 해당 기업의 주가와 재무 상태를 분석하여 투자할 수 있습니다. 또한 AI ETF(Exchange-Traded Fund)에 투자하여 다양한 AI 기업에 분산 투자할 수도 있습니다.

4. AI 스타트업 투자: 성장 가능성이 있는 AI 스타트업에 직접 투자하는 것도 고려해볼 만한 전략입니다. 인공지능 기술을 활용한 혁신적인 스타트업에 투자하여 성장 주기에서 수익을 창출할 수 있습니다. 이 경우, 투자 전에 스타트업의 비즈니스 모델, 팀의 역량, 기술 경쟁력 등을 평가해야 합니다.

5. 연관 기술 및 서비스: AI 산업은 다양한 부분으로 구성되어 있습니다. AI 하드웨어, 데이터 관리 및 분석, 클라우드 컴퓨팅, 보안 등 AI와 연관된 다른 기술과 서비스에도 투자할 수 있습니다.

① 클라우드 컴퓨팅: AI 기술은 대량의 데이터 처리와 고성능 컴퓨팅 자원을 요구합니다. 클라우드 컴퓨팅은 이러한 요구를 충족시키는 데 도움을 주는 기술입니다. AWS(Amazon Web Services), Microsoft Azure, Google Cloud Platform 등의 대규모 클라우드 서비스 제공업체에 투자할 수 있습니다.

② 데이터 관리 및 분석: AI는 데이터에 기반하여 학습하고 의사 결정을 내립니다. 따라서 데이터의 수집, 저장, 관리 및 분석을 위한 기술과 서비스도 중요합니다. 데이터베이스 기술, 데이터 분석 및 시각화 도구, 데이터 보안 솔루션 등과 관련된 기업에 투자할 수 있습니다.

③ 로봇 공학 및 자동화: AI와 로봇 공학은 서로 긴밀하게 연관되어 있습니다. 로봇 기술 및 자동화 솔루션을 개발하는 기업에 투자할 수 있습니다. 이러한 기업은 제조업, 물류 및 운송업, 의료 분야 등에서 로봇 및 자동화 솔루션을 도입하는 고객에게 제품과

서비스를 제공합니다.

④ 사이버 보안: AI 기술은 중요한 데이터와 시스템을 보호하기 위한 사이버 보안의 필요성을 더욱 증대시킵니다. AI를 활용한 악성 코드 탐지, 침입 탐지 시스템, 보안 분석 솔루션 등을 개발하는 사이버 보안 기업에 투자할 수 있습니다.

⑤ 반도체 기술: AI 알고리즘을 구동하는 데 필요한 고성능 칩셋과 프로세서는 AI 산업에서 중요한 요소입니다. 반도체 기업이나 AI 칩 제조 업체에 투자하여 AI 기술에 필요한 하드웨어 인프라를 지원할 수 있습니다.

⑥ 자율주행 기술: 인공지능과 자율주행 기술은 긴밀한 관련성을 가지고 있습니다. 자동차 및 운송업체의 자율주행 기술을 개발하고 있는 기업에 투자할 수 있습니다.

⑦ 음성 및 언어 처리 기술: 음성 인식, 자연어 처리, 기계 번역 등의 기술은 AI 응용 프로그램에서 매우 중요합니다. 음성 및 언어 처리 기술을 개발하는 기업에 투자하여 음성 인터페이스, 가상비서, 번역 서비스 등과 관련된 기술과 제품을 지원할 수 있습니다.

⑧ 가상현실 및 증강현실: AI와 가상현실(VR) 및 증강현실(AR) 기술은 혁신적인 경험과 시각화를 제공하는 데 함께 사용될 수 있습니다. VR 및 AR 플랫폼, 기기, 콘텐츠 개발에 투자하여 이러한 분야에서 성장 가능성을 추구할 수 있습니다.

⑨ 의료 기술: AI 기술은 의료 분야에서 혁신과 개선을 가져올 수 있습니다. 의료 진단, 영상 분석, 건강 모니터링 등에 AI를 적용하는 기업에 투자할 수 있으며, 이러한 기업은 의료 혁신에 기여하는 다양한 솔루션과 기술을 개발합니다.

⑩ 교육 기술: AI는 교육 분야에서도 큰 잠재력을 가지고 있습니다. AI를 활용한 개별 맞춤 학습, 학습 분석, 학습 관리 등을 지원하는 교육 기술 회사에 투자할 수 있습니다.

⑪ 패턴 인식 및 예측 분석: AI는 복잡한 패턴을 인식하고 예측 분석

을 수행하는 데 사용될 수 있습니다. 이러한 분야에 투자하는 기업은 예측 분석, 추천 시스템, 금융 모델링 등을 개발하고 제공합니다.

⑫ 로보틱스: AI와 로봇 공학의 융합은 로보틱스 분야에서 혁신적인 발전을 이끌어냅니다. 로봇 제조, 자동화 시스템, 드론 등의 로보틱스 기술을 개발하는 기업에 투자할 수 있습니다.

인공지능 산업에 투자하는 것은 테마형 투자(Thematic Investment)로서 주식 시장 전체를 투자하는 인덱스형 투자(S&P500, KOSPI200 등)에 비해 분산 투자 효과는 작고 집중 투자 위험은 큰 특징을 지니고 있습니다. 즉 인공지능 테마가 인기가 높아져 오를 때는 화끈하게 오를지 몰라도 내릴 때 역시 큰 폭으로 하락할 수 있다는, 즉 변동성이 크다는 말입니다. 이렇게 혁신 기업 고성장주 투자는 가격 변동성이 크기 때문에 분할매수와 같은 기간 배분 전략, 가격 하락 시 평균매입 단가를 낮추는 비중 확대를 모색하는 역투자 전략(Contrarian Strategy), 변동성 제어를 위해 자산배분상 채권과 현금 비중도 동반하는 전략 등이 필요합니다.

❶ 생성형 AI 관련 대표 해외주식 투자

그리고 앞서 설명했던 생성형 AI 공급사슬 구조를 염두에 두어 각 공급사슬의 글로벌 대표 기업의 가치평가(PER, PSR)를 통해 5년 평

균 기준으로 고평가된 기업은 비중을 축소하고, 저평가된 기업은
비중을 확대하는 등 나름대로의 투자 기준을 정립하여 대응하기
바랍니다.

| 생성형 AI 공급사슬 구조 |

생성형 AI 모델	생성형 AI 인프라
• 대규모의 비용이 필요한 생성형 AI 모델을 구축할 수 있는 빅테크 기업 • MS(오픈AI), 알파벳, 바이두, 네이버	• 생성형 AI 실제 운용에 필요한 핵심 인프라 • 반도체, IT 하드웨어, 통신장비 등 • 엔비디아, AMD
생성형 AI 서비스형 소프트웨어	**생성형 AI 최적화 기업**
• 생성형 AI를 활용하여 대고객 서비스 수단을 창출하는 기업(SAAS) • 어도비, 메타플랫폼스	• 생성형 AI 소비를 통해 비즈니스 효율성을 최적화시키는 최종 고객군 기업 • 자율주행 관련 기술 • 테슬라

참고로 가치평가 데이터를 조회하는 방법은 ① 모닝스타 홈
페이지(www.morningstar.com)에서 좌측 조회창에 종목명을 입력
(GOOGL)하고 ② 중간의 'Valuation'을 클릭하면 다음과 같은 도표
가 나타나며 ③ 이를 통해 5년 평균 수준이 도출됩니다.

| 알파벳의 밸류에이션 지표 |

Calendar		2017	2018	2019	2020	2021	2022	Current
	39.21							
PSR (주가/매출)		7.07	5.67	6.05	7.04	8.24	4.15	5.38
■ PER (주가/주당순이익)		35.24	39.21	28.75	33.89	27.92	17.54	26.11
■ PCFR (주가/현금흐름)		20.42	16.26	17.66	21.27	22.05	12.63	17.03
Price/Book		4.66	4.28	4.73	5.56	7.84	4.47	5.72
예상 PER (주가/예상 주당순이익)		25.58	22.03	24.57	30.58	25.71	16.50	22.08
PEG (PER/순이익증가율)		1.31	1.07	1.87	1.54	0.83	1.24	1.47

출처: 모닝스타

❷ 인공지능 해외 ETF 투자

대표적인 인공지능 ETF를 알려줘.

Chat GPT

일부 대표적인 인공지능 ETF(Exchange-Traded Fund)를 소개해 드리겠습니다. 이는 다양한 AI 기업에 분산 투자할 수 있는 투자 도구입니다. 아래는 몇 가지 주요한 인공지능 ETF의 예시입니다.

1. Global X Robotics & Artificial Intelligence ETF (BOTZ): 이 ETF는 세계적으로 로봇 공학과 인공지능 기술에 집중된 기업에 투자합니다. 로봇 공학, 자동화, 인공지능 및 관련 분야의 기업들로 구성되어 있습니다.
2. ARK Autonomous Technology & Robotics ETF (ARKQ): 이 ETF는 자율주행 차량, 로봇 공학, 인공지능, 3D 인쇄 및 관련 기술에 투자합니다. 주로 혁신적인 자동차 기술 및 로봇 기업에 초점을 맞추고 있습니다.

3. iShares Robotics and Artificial Intelligence ETF (IRBO): 이 ETF는 세계적으로 로봇 공학과 인공지능 기술에 투자합니다. 로봇, 자동화, 인공지능, 자율주행 차량 및 관련 기업들로 구성되어 있습니다.

4. First Trust Nasdaq Artificial Intelligence and Robotics ETF (ROBT): 이 ETF는 인공지능 및 로봇 기술에 집중된 기업에 투자합니다. 주로 미국 내에 상장된 기업들로 구성되어 있습니다.

인공지능 관련 주요 해외 ETF의 경우 주로 로봇 관련주들과 묶음 형태로 출시된 것을 확인할 수 있습니다. 이를 통해 테마별 분산 효과와 종목 다변화를 꾀하고 있는 것으로 판단하는데, 워낙 관련된 다양한 글로벌 중형주도 투자 가능 주식에 속해있으므로 보유 종목과 중장기 성과를 확인하면서 취향에 맞게 투자해야 할 것입니다.

① Global X Robotics & Artificial Intelligence ETF (BOTZ): 순자산 17.4억 달러

| 주요 보유 종목 |

보유 종목		최초 편입일	시장 가치 (달러, 2023.5.11 기준)	1년 수익률	예상 PER
Intuitive Surgical Inc	10.02	Sep 13, 2016	174,962,897	44.21	55.87
NVIDIA Corp	9.26	Jun 30, 2017	161,758,910	75.31	62.89
ABB Ltd	8.33	Sep 13, 2016	145,393,628	25.43	19.38
Keyence Corp	8.32	Sep 13, 2016	145,245,678	33.80	40.00
Fanuc Corp	7.47	Sep 13, 2016	130,480,927	21.26	29.85

출처: 모닝스타

| 성과 |

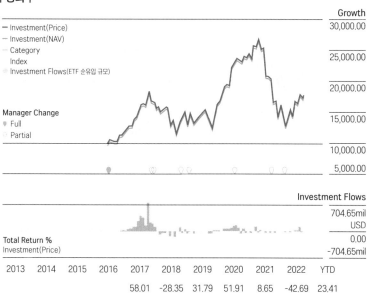

2013	2014	2015	2016	2017	2018	2019	2020	2021	2022	YTD
				58.01	-28.35	31.79	51.91	8.65	-42.69	23.41

출처: 모닝스타

② ARK Autonomous Technology & Robotics ETF (ARKQ): 순자산 8.64억 달러

| 주요 보유 종목 |

보유 종목		최초 편입일	시장 가치 (달러, 2023.5.11 기준)	1년 수익률	예상 PER
Tesla Inc	12.99	Sep 30, 2014	114,562,088	-30.78	48.78
Kratos Defense & Security Solutions Inc	8.38	Aug 31, 2018	73,908,743	2.84	46.08
Iridium Communications Inc	7.62	Jul 31, 2019	67,232,005	83.35	192.31
UiPath Inc Class A	7.53	May 02, 2021	66,405,357	-6.74	54.05
Trimble Inc	7.03	Sep 30, 2014	61,997,058	-25.43	18.25

출처: 모닝스타

| 성과 |

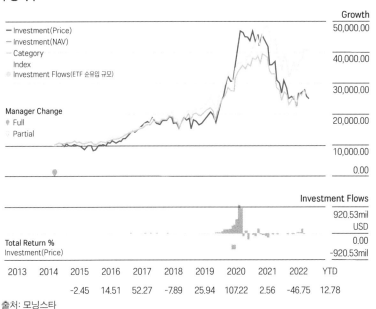

	2013	2014	2015	2016	2017	2018	2019	2020	2021	2022	YTD
Total Return % Investment(Price)			-2.45	14.51	52.27	-7.89	25.94	107.22	2.56	-46.75	12.78

출처: 모닝스타

③ iShares Robotics and Artificial Intelligence ETF (IRBO): 순자산 3.03
억 달러

| 주요 보유 종목 |

보유 종목		최초 편입일	시장 가치 (달러, 2023.5.11 기준)	1년 수익률	예상 PER
Meta Platforms Inc Class A	1.58	Jun 26, 2018	4,759,670	19.39	19.80
Spotify Technology SA	1.47	Dec 21, 2018	4,432,255	44.80	-85.47
Meitu Inc Registered Shs Unitary 144A/Reg S	1.44	Dec 16, 2022	4,325,636	108.60	—
iQIYI Inc ADR	1.41	Dec 21, 2018	4,232,186	61.14	16.56
NVIDIA Corp	1.39	Jun 26, 2018	4,182,701	69.31	64.94

출처: 모닝스타

| 성과 |

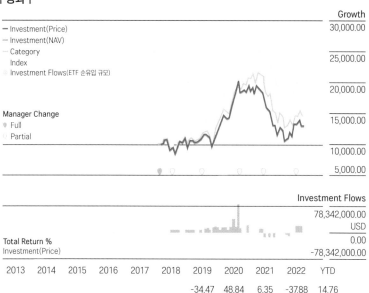

출처: 모닝스타

④ First Trust Nasdaq Artificial Intelligence and Robotics ETF (ROBT): 순자산 2.33억 달러

| 주요 보유 종목 |

보유 종목		최초 편입일	시장 가치 (달러, 2023.5.11 기준)	1년 수익률	예상 PER
BlackBerry Ltd	2.52	Mar 19, 2018	6,192,291	-6.70	-77.52
AeroVironment Inc	2.34	Feb 22, 2018	5,742,364	32.43	51.28
Halma PLC	2.27	Sep 19, 2022	5,583,131	14.45	30.21
Elbit Systems Ltd	2.25	Sep 26, 2018	5,525,990	3.57	—
QinetiQ Group PLC	2.20	Feb 22, 2018	5,403,925	6.06	—

출처: 모닝스타

| 성과 |

출처: 모닝스타

❸ 인공지능 관련 국내 펀드 & ETF

앞서 언급한 해외주식 및 해외 ETF의 경우 1년간 이익과 손실을 합산한 금액이 양도세 부과 대상 과세표준이 됩니다. 과세표준에서 증권사 매매수수료를 제외한 금액이 250만 원 이하이면 비과세, 초과한 경우 22%의 양도세를 내야 합니다. 그런데 국내 출시된 펀드나 ETF의 경우 절세 3종 세트인 '개인연금-퇴직연금-ISA' 계좌를 통해 거래할 경우 절세 혜택을 누릴 수 있으므로 절세 목적으로 이를 활용할 만합니다. 또한 펀드의 경우 환헤지 유무를 가려서 투자할 수 있는 점도 하나의 투자 옵션이 될 수 있습니다. 현재 출시된 인공지능 산업 해외 펀드와 ETF는 다음과 같으니 참고하기 바랍니다.

① NH-Amundi 글로벌 AI 산업 펀드

피투자집합투자기구(역외 펀드)인 Allianz Global Artificial Intelligence 펀드를 재간접 투자하는 펀드입니다. 인공지능 산업(인공지능 핵심 기술을 가능케 하는 인프라, 이러한 인프라를 활용한 응용산업 및 소프트웨어 관련 산업 등)과 관련된 기업 주식에 투자하여 중장기적인 자본소득을 추구합니다.

- 인공지능 산업 인프라: 빅데이터, 클라우드 서비스, 인터넷 사

물, 모바일 등

- 인공지능 응용산업: 인공지능 자동화, 로봇, 딥러닝, 인지 시스템(cognitive system)
- 인공지능 적용산업: 광고, 농업, 에너지 분야, 자동차, 비행기, 제조업, 헬스케어, 법률 등

투자 환경 및 운용 계획

앞서 설명한 바와 같이 인공지능은 앞으로 수십 년 동안 모든 산업에 파괴적 혁신을 가져다줄 원동력이며 급변하는 경제에서 가장 큰 상업적 기회입니다. 최근 챗GPT의 등장으로 한동안 잠잠했던 인공지능, AI 섹터의 주가에도 훈풍이 불고 있습니다. 2022년 12월 기준 NH-Amundi 글로벌 AI 펀드의 Top 3 보유 종목으로는 자동차 및 산업용 반도체 생산기업인 온세미컨덕터(On Semiconductor)(4.92%), 통신용 반도체와 클라우드를 위한 소프트웨어를 제공하는 기업인 브로드컴(Broadcom)(3.92%), 세계 최대의 농장 트랙터 및 콤바인 제조 업체인 디어앤컴퍼니(Deere&Co)(3.61%)가 있습니다. 이들 기업은 어려운 대내외 환경에서도 독보적인 기술력으로 꾸준한 현금 흐름을 창출하여 성장하고 있으며 펀드에서 가장 큰 비중을 차지하는 온세미컨덕터의 경우는 연초 대비 30% 이상 상승하며 역사적 고점을 갱신하고 있습니다.

| 기간 수익률 |

구분	1일	1주	1개월	3개월	6개월	1년	3년	설정일 이후
수익률	1.13	4.04	0.64	-0.11	12.29	-1.57	-	-27.82
벤치마크	0.65	1.87	2.07	8.41	12.00	12.71	-	6.60
초과 성과	0.48	2.17	-1.44	-8.52	0.29	-14.28	-	-34.42

출처: NH-Amundi 자산운용

② 삼성글로벌 Chat AI 펀드

삼성글로벌 Chat AI 펀드는 ① 인간과 대화(Chat)를 통해 결과를 만들어주는 생성형 AI 관련 국내외 주식을 중심으로 투자 대상 종목을 선별하여 포트폴리오를 구성하고, ② 인공지능 주식 중 인공지능 서비스 관련 주식에 주로 투자하되 인공지능 플랫폼, 인공지능 구현 기술 관련 주식 등에도 분산투자하여 운용하고 있습니다.

펀드가 정의하는 '인공지능(Artificial Intelligence, AI)'

인공지능은 컴퓨터에서 음성 및 작성된 언어를 보고, 이해하고, 번역하고, 데이터를 분석하고 추천하는 기능을 포함하여 다양한 고급 기능을 수행할 수 있는 일련의 기술을 의미합니다.

펀드가 정의하는 '생성형 AI(Generative AI)'

이용자의 특정 요구에 따라 결과를 생성해내는 인공지능 기술로, 데이터를 통한 학습으로 소설, 시, 이미지, 코딩, 미술 등 다양한 콘텐츠를 생성하는 기술을 의미합니다.

| 생성형 AI 활용 산업 예시 |

소프트웨어	미디어/콘텐츠	헬스케어	소비재	금융	산업재
코딩/개발Tool	기사/영화/음악 등 콘텐츠 창작	신양 개발 등 R&D	이커머스 (E-commerce)	웰스 매니지먼트	산업용/가정용 로보틱스
고객 분석/관리	게임 개발	인공관절 제작	의류 디자인	로보 어드바이저	수요예측& 재고 관리
데이터 분석 및 시각화	메타버스	맞춤형 처방 및 수술	튜터링	리스크 관리	
사이버 보안	광고/마케팅 효율화	의학 영상			

출처: 삼성자산운용

투자 대상

- 인공지능 서비스: CRM, 생산성, 설계, 의학, 생명과학, 교육, 미디어 등의 영역에서 인공지능이 산출물을 만들어내는 기업
- 인공지능 플랫폼: 인공지능과 인간의 교차점에서 광범위한 서비스 제공이 가능한 플랫폼 기업
- 다양한 영역에서 오랜 기간 쌓아온 데이터 등을 활용하여 생성형 인공지능 생태계 구축
- 자연어 활용을 통해 일상 속으로 빠르게 침투하고 있으며, 기업이 축적한 데이터와 연산 기술을 활용하여 향후 서비스 제공 범위를 확대할 것으로 예상되는 기업
- 인공지능 구현 기술 : 고성능 컴퓨팅 기술을 지원하는 기업

- 사전적 데이터 학습 및 사용자와의 상호작용 과정에서 발생하는 기하급수적 데이터를 처리하기 위한 전문화된 기술이 필요하고 이에 수혜를 받는 기업

③ ARIRANG 글로벌인공지능산업MV ETF

ETF의 속성상 기초지수인 'BlueStar Artificial Intelligence Index'를 완전 복제하는 상품으로 인공지능 테마를 6개 그룹으로 분류하여 인공지능 관련 기업에 투자합니다.

- 능동형 정보(Actionable Intelligence), CRM 및 고객 지원 자동화
- 빅데이터 시각화 및 분석, 일반적인 CAD 소프트웨어
- 기업 IT 인프라 소프트웨어, 머신비전, 제조업용 CAD 소프트웨어
- 머신러닝 내장 칩(GPUs, FPGAs, 휘발성 메모리 장치, ASICs)
- 인터넷 서비스 및 전자상거래 사이트(이 경우 시가총액이 1,000억 달러를 초과해야 함), 프로세서 반도체
- 기업관리 및 프로세스 자동화 소프트웨어, 반도체 설계 소프트웨어 및 서비스

| 주요 보유 종목 |

	보유 종목	비중(%)		보유 종목	비중(%)
1	NIVIDIA Corp	4.78	6	Amazon.com	2.86
2	Salesforce Inc	4.50	7	Splunk Inc	2.80
3	Microsoft Corp	3.46	8	Oracle Corp	2.69
4	SAP SE	3.10	9	Adobe Inc	2.63
5	HubSpot Inc	3.03	10	Zoom Video Communications Inc	2.52

| 기간 수익률 |

구분	수익률(%)					
	최근 1개월	최근 3개월	최근 6개월	최근 1년	연초 이후	설정 이후
순자산 (NAV)	-2.18	0.93	6.88	0.00	22.69	-7.11
벤치마크	-2.07	1.32	8.71	-2.75	20.36	-2.75
벤치마크 대비	-0.11	-0.39	-1.83	2.75	2.33	-4.36

출처: 한화자산운용 홈페이지

④ TIGER 미국테크TOP10 INDXX ETF

'Indxx US Tech Top 10 지수(원화환산)'는 미국 나스닥 상장 주식 중 'Tech-Oriented' 기업이 속하는 섹터를 선별한 뒤 시가총액 상위 10개 종목을 구성 종목으로 하는 지수입니다. 'Tech-Oriented 기업'

은 주로 기술 제품/서비스를 다루거나 독자적 기술에 기반한 소비재/서비스를 제공하는 기업인데, 대체로 인공지능 공급사슬 대표기업들이 대부분 투자되고 있어서 관련된 ETF로 소개합니다.

| 주요 보유 종목 |

종목명	비중(%)
Microsoft Corp	20.71
Apple Inc	19.41
Alphabet Inc	18.32
Amazon.com Inc	12.38
NVIDIA Corp	8.31
Meta Platforms Inc	7.50
Tesla Inc	5.71

출처: 미래에셋자산운용

| 기간 수익률 |

구분	1주	1개월	3개월	6개월	1년	상장 이후
순자산 (NAV)	3.85	6.42	18.33	21.56	14.69	15.82
벤치마크	3.92	6.50	18.45	21.76	16.28	18.39
벤치마크 대비	-0.07	-0.08	-0.12	-0.20	-1.59	-2.57

인공지능의
핵심 산업과 기업을 찾아서

| Artificial Intelligence & Investment |

인공지능의
핵심 산업에 대한 이해

인공지능의 핵심 산업을 이해하려면 우선 인공지능에 대한 정의가 필요합니다. 인공지능(Artificial Intelligence)은 기계가 인간의 지능을 모방하도록 설계된 컴퓨터 시스템으로 20세기 중반부터 연구되기 시작했으며, 초기에는 지정된 규칙으로 운영되었지만 21세기 들어서는 사람의 뇌처럼 신경망 기반으로 발전하기 시작했습니다. 2011년 미국에서 왓슨(Watson)이라는 인공지능 프로그램이 제퍼디(Jeopardy)라는 TV 퀴즈쇼에 출전해 사람보다 빠르고 정확한 대답을 내놓아 많은 사람들을 충격에 빠뜨린 적이 있는데요. 가깝게는 2016년에 알파고가 바둑 대결에서 이세돌 기사를 압도해 큰 화제를 몰고 온 적도 있었습니다.

하지만 프로세스 일부나 제품의 특정 기능에만 인공지능을 적용하여 '무늬만 AI'인 프로젝트들도 적지 않았는데 챗GPT-3가 나오면서 사람들의 관심이 폭발하게 됩니다. 영화 〈이미테이션 게임〉(2014)에서는 실존 인물 앨런 튜링이 컴퓨팅 기계가 사람의 생각을 완벽히 흉내 낼 수 있는지 테스트하기 위해 이미테이션 게임을 제안하고 "내가 기계인가, 인간인가?"라는 질문을 던집니다. 챗GPT가 나온 후 딥러닝으로 방대한 문장을 훈련하여 만든 언어 모델이 다음에 위치할 문장을 찾아 나열하는 GPT가 과연 인간을 대체할 수 있을지 논란이 적지 않습니다. 그러나 GPT는 사람의 생각과 판단을 읽어내지 못한다는 점에서 명확한 한계가 있습니다.

인공지능이 사람을 흉내 내든, 업무의 효용성을 극대화하기 위한 목적으로 사용되든 분명한 점은 이 모든 과정이 컴퓨터를 이용해서 구현된다는 것입니다. 컴퓨터는 소프트웨어와 하드웨어의 집합으로, 기존의 컴퓨터는 한 번에 한 가지 명령만을 수행하도록 고안되어 있습니다. 즉 현재의 인공지능 기술은 아직까지는 다행스럽게도(?) 기계가 감정을 가진 것처럼 앵무새 역할만을 부여하는 것입니다.

1990년대 PC에 이어 인터넷의 등장, 2000년대 초반의 스마트폰에 뒤이어 인공지능의 등장은 이전까지의 산업을 한순간에 '리셋'해버리고 새로운 산업을 개화시키는 폭발적인 힘을 지니고 있습니다. 완전히 새로운 산업을 만들어버리는 제품이 등장하면 기존의 제품이나 산업은 무의미해져 버립니다. 이러한 '디스럽션(Disruption, 파괴)'은 18세기 산업혁명이 시작된 이후 여러 차례 반복된 과정이기도 합니다.

기술의 빅뱅은 아마존과 같이 소비자가 직접 지불할 의지를 이끌어내거나, 소비자의 구매 욕구를 충족시키는 것에 상응하는 비용을 지불하는 데에서 비롯됩니다. 그리고 이를 기반으로 이전에는 상상하지 못한 완전히 다른 제품, 비즈니스 모델이 만들어지게 됩니다. 싸이월드 이후 페이스북, 우버 등의 모바일 서비스가 등장하고 이를 기반으로 공유경제 등 기존에는 가능하지 않았던 새로운 경제 구조가 만들어집니다. 또 한편으로는 앞으로도 변하지 않을 소비자 니즈를 만족시키는 비즈니스가 영속되기도 합니다. 가장 좋은 제품을 가장 싸게, 가장 편리하게 사는 것이 소비자의 영원히 변하지 않을 니즈라는 것에 집중하여 서비스를 구축한 아마존이 바로 이런 사례입니다.

일부에서는 메타가 출시한 언어 모델 람다(LLaMA)나 스탠포드의 알파카(Alpaca)가 챗GPT와 성능이 비슷하고 학습 비용이 현저히 줄어들어 500달러 정도면 챗GPT를 만들 수 있다고도 말합니다. 그러나 현실은 그렇지 않습니다. 학습을 위한 비용은 GPT-3 출시 이후 더 증가하고 있고 경쟁 역시 심해지고 있습니다. 시장에서는 누구나 원하는데 공급이 부족합니다. 게다가 많은 기업들이 신규 시장에 뛰어들고 있습니다. 모델 사이즈가 작고 튜닝 데이터도 적은데 어떻게 GPT-3를 능가할 수 있을까요?

챗GPT를 이용한 여러 서비스는 그럴듯하게 보이지만 때로는 무의미하거나 부정확한 답변을 작성합니다. GPT가 똑똑해 보이는 이유는 매개변수(파라미터(parameter), 사람에 비유하자면 뇌세포)의 수 때문입니다. 사람의 뇌세포수가 많을수록 지능이 높듯이 매개변수가 많을수록 인공지능의 학습 지능도 똑똑해집니다. 대형 언어 모델(LLM)이 추구하는 것은 '정답을 외워서 맞추는 것'이 아니라 '정답일 확률이 높은 답변'을 하는 것입니다.

챗GPT를 구현하기 위해서는 언어별로 최적화된 대형 언어 모델 개발도 필수적입니다. 챗GPT를 이용해서 한국어 서비스를 하게 되면 퀄리티는 영어 대비 좋지 않습니다. 그럼에도 불구하고 한국어가

| 영어 대비 각 언어별 처리 비용 증가도 |

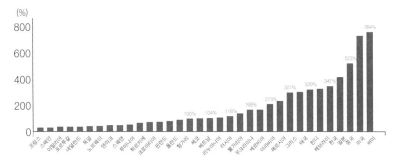

출처: substack.com

어렵기 때문에 영어와 비교해 가격이 비쌉니다. 게다가 한국어 문장은 토큰을 많이 만들어야해서 느리기까지 합니다.

인공지능이 언어를 배우는 것은 사람이 언어를 배우는 과정과 유사하다고 할 수 있습니다. 우리가 한국어든 영어든 처음 배울 때를 생각해 보면 제일 먼저 알파벳이나 한자 등 기초 단어를 배우고 그것들을 조합하여 단어와 문단, 마지막으로 문장을 배우게 됩니다.

인공지능도 언어의 작은 단위부터 배우게 되는데, 인공지능이 언어에서 배우는 가장 작은 단위는 단어입니다. 좀 더 정확하게 표현하자면 의미를 갖는 문자열을 기본 단위로 학습합니다. 이렇게 인공지능이 학습하는 작은 단위를 '토큰(Token)'이라고 하는데 토큰은 단어가 될 수도 있고, 구나 문장이 될 수도 있습니다. 이렇게 작은 단위별로 말을 배우는 과정을 '토큰화(Tokenization)'라고 합니다.

| 대형 언어 모델(LLM)의 정의 |

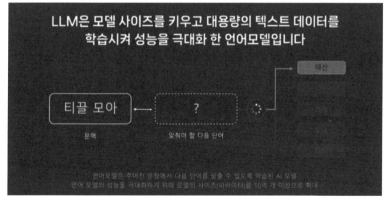

출처: 네이버

이러한 점을 고려하여 인공지능 시장 특히 생성형 AI 시장이 형성되어가는 과정을 유추해보면 가장 먼저 쉽게 생각해내고, 쉽게 만들 수 있는 서비스들이 시장 초기에 우후죽순 생겨나겠지만, 현재 수많은 기업이 걸어온 길과 마찬가지로 대부분 생존하지 못하고 시장에서 사라질 것입니다. 특히 인공지능 시장이 성장하기 위한 핵심은 기술이 좋아서 사람들이 많이 쓰는 게 아니라, 공급자가 인공지능을 활용해서 수익을 창출해낼 만한 매력이 있어야 한다는 것입니다. 뛰어난 인공지능 기술이 적용된 냉장고를 출시했다고 하더라도 모든 소비자가 환영하는 것은 아닙니다. 연구실에서야 호평받겠지만, 사람들은 냉장고에서 왜 챗봇이 필요한지 모릅니다. 오히려 생소한 기술 때문에 어렵고 복잡하게 느끼는 소비자들도 많습니다. 별로 궁금하지도 않은 곳에 기술을 적용하거나 잘못 적용해서 오히려 부작용만 낳는 것이 현재 많은 인공지능 프로젝트들의 공통된 실수입니다. 마치 테슬라가 시장을 장악하기 위해 자동차 가격을 내리고 사람들이 테슬라 자동차의 완성도가 떨어져도 오토파일럿(Autopilot) 때문에라도 다음 차를 테슬라로 사겠다고 한다면, 궁극적으로 소프트웨어 가격을 올림으로써 테슬라 생태계를 조성하는 것과 같은 이치입니다.

인공지능 등장의 필수적인 요소

인공지능이 구현되기 위한 첫 번째 퍼즐은 딥러닝 구현을 위한 GPU입니다. 딥러닝 모델은 광범위한 자원과 이를 훈련하기 위한 수많은 컴퓨팅 파워가 필요합니다. GPU는 방대한 언어 모델들을 학습하는 데에 최적화된 특별한 프로세서이며, 사람이 멀티태스킹을 하듯 동시에 수많은 계산을 해낼 수 있는 능력을 가지고 있습니다. 수많은 데이터 처리를 동시에 해낼 수 있는 속도를 확보한 것 외에도 GPU는 많은 데이터를 훈련하는 데 필요한 뛰어난 기억력을 지니고 있습니다. 이렇듯 GPU의 발전은 생성형 AI 모델에서 복잡한 연산을 빠르고 효율적으로 가능하게 하는 핵심적인 요소입니다.

GPT-3가 발표된 이후 빅테크 업체들은 자신들에게 최적화된 인공지능 반도체를 찾아나서기 시작했습니다. 기존 고성능 기반의 응용 분야인 비디오, 음성, 글, 이미지 등 모든 분야에 걸쳐 인공지능이 핵심적인 역할을 하게 되었습니다. 그리고 언어 모델의 크기가 커져야 성능이 발전한다는 규칙 때문에, 반도체가 허용되는 한 더 큰 모델이 계속해서 발전할 것이고 고부가가치를 가지는 고성능 반도체를 구현할 수 있는 업체들이 인공지능 시장을 주도할 가능성이 높습니다.

| 인공지능 시대의 개화 |

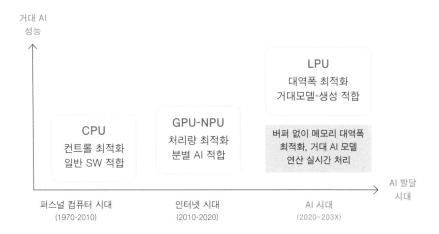

출처: 구글

    제대로 된 생성형 AI 서비스 구현을 위해서는 이른바 '초거대 AI(Hyperscale AI)'라고 불리는 대규모 모델이 필요하며, 대규모 모델은 대규모 데이터의 구축, 학습과 이를 운영하기 위한 대규모 컴퓨팅 자원을 필요로 합니다. 대규모 데이터를 구축하고 학습하는 데도 많은 비용이 필요하지만 이를 초기 투자 비용으로 고려하더라도 대규모 모델 운영 및 관리에는 엄청난 비용이 '지속적'으로 소요됩니다. 챗GPT 기준 질문 1회당 비용은 대략 2센트(약 26원)인데, 1억 명의 가입자가 매일 한 번씩 질문한다고 가정하면 매월 780억 원이 운영 비용으로 쓰입니다. 챗GPT는 지난 2월 10일 유료 서비스 '챗GPT 플러스(챗GPT Plus)'를 출시한 후 2월 13일 유료 버전 이용자 100만 명을 돌파하였으나 서비스 유료화만으로는 운영 비용을 감당하기에 역부족이라 지속적인 수익을 가져다줄 킬러 콘텐츠 개발이 절실한 상황입니다.

　인공지능의 발전에서 필수적인 두 번째 요소는 트랜스포머(transformer)라고 하는 기술입니다. 이 기술은 생성형 AI의 비약적 발전을 끌어낸 구글이 2017년 발표한 〈Attention is all you need〉라는 논문으로 가능하게 되었습니다. 텍스트 번역 성능을 개선하기 위해 만들어진 트랜스포머 기술은 가장 연관성이 높은 핵심 키워드를 중심으로 맥락을 제공하는 '어텐션(Attention)'이 핵심입니다. 어텐션에 집중한 트랜스포머는 과거처럼 단어 단위로 정보를 처리하는 대신 핵심 키워드에 중점을 두고 전체 문장을 한 번에 분석하게 되면서 학습 시간을 줄여주었습니다. 이를 통해 학습량을 급격히 늘린 오픈AI의 GPT, 대화형 AI인 챗GPT, 코드 자동완성 도구인 '깃허브 코파일럿(GitHub Copilot)' 등이 등장했습니다.

　세 번째로 모든 인공지능 산업의 가장 기본적인 핵심은 빅데이터입니다. 인공지능 비즈니스가 기본적으로 데이터 비즈니스임을 고려해볼 때 데이터가 많을수록 인공지능 학습 모델은 더 똑똑해지고 더 효율적인 모델이 만들어집니다.

이미지 분야에서 혁신을 만들어낸 디퓨전(Diffusion) 모델은 2015년에 처음 소개되었습니다. 디퓨전은 특정 이미지를 구성하는 픽셀이 흩어져 노이즈로 변하는 이미지들을 학습시킨 뒤 이를 반대 방향으로 적용하여 노이즈가 이미지로 변하도록 하는 방식입니다. 영국의 스타트업 스테빌리티 AI가 개발한 스테이블 디퓨전(stable diffusion)은 여기에 텍스트 인식 기능을 더해서 테스트만 입력하면 이미지를 생성할 수 있도록 만들어졌습니다. 스테이블

| 텍스트를 3D 이미지로 만들어주는 구글의 드림퓨전 결과물 |

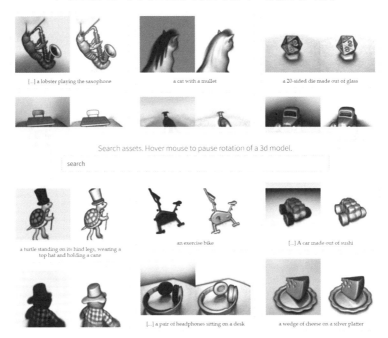

출처: DreamFusion: Text-to-3D using 2D Diffusion(dreamfusion3d.github.io)

디퓨전은 2022년 8월 처음 공개되었고, 비슷한 시기에 디퓨전 모델을 활용해 자체적인 인공지능 모델을 구축, 이미지 생성 서비스를 제공하는 미드저니(Midjourney)도 생겨났습니다.

이후 이러한 트랜스포머 아키텍처, 디퓨전 모델, GAN 등을 결합한 다양한 방식이 시도되고 있습니다. 3D 이미지 생성(구글 드림퓨전(DreamFusion)), 음악 생성(구글 뮤직LM(MusicLM)), 동영상 생성(구글 페나키(Phenaki), 이미지 비디오(Imagen Video)) 등을 활용해 텍스트만 입력하면 다양한 형태의 콘텐츠를 제작할 수 있습니다.

구글의 뮤직LM의 경우, 사용자는 듣고 싶은 음악을 문자로 입력만 하면 됩니다. 예를 들어 사용자가 '70년대식 재즈와 어울리는 보컬로 이뤄진 음악'을 모델에 요청하면 이에 맞는 노래를 들을 수 있습니다. 뮤직LM은 테마 음악도 생성할 수 있는데, 예를 들어 사용자가 '명상', '산책', '집중', '운동'을 순서대로 입력하면 모

| 구글 뮤직LM |

출처: MusicLM(google-research.github.io)

델은 이를 한 콘셉트로 엮어 노래를 제공합니다. 하지만 아직 저작권과 표절의 문제로 출시하지 못하고 있어 아쉽습니다.

어떤 기업에 투자할 것인가?

❶ 성장하는 인공지능 모델 기업의 조건

성장하는 인공지능 모델 기업의 조건에 대해 가장 먼저 유닷컴 (you.com)을 통해 질문해보았습니다. 뒤에서 자세히 소개하겠지만 유닷컴은 2022년 12월 공개된 인공지능 검색엔진으로 광고가 없고 연관 웹 검색결과도 함께 알려주는 특화된 서비스로 인기몰이 중입니다.

유닷컴이 말하는 첫 번째 조건은 고객의 니즈를 명확히 이해하는 것입니다. 어떠한 성공적인 인공지능 비즈니스 모델이더라도 고객의 니즈와 무엇을 선호하는지 깊이 이해하는 것이 필수적이라고 하네요. 두 번째는 방대한 데이터입니다. 인공지능은 앞서 여러 번 이야기했듯이 학습을 위해 많은 양의 데이터가 필요하며 방대한 데이터 인프라가 구축되어야 합니다. 세 번째로 성공적인 인공지능 비즈니스 모델을 구현하기 위해서는 효율적인 알고리즘을 개발하는 것이 필요합니다. 마지막으로 장기적으로 인공지능 사업이 성공하기 위해서는 스케일업(Scale-up)이 가능해야 합니다.

한편 구글의 바드는 인공지능 전문가들이 성공적인 솔루션을 개발해야 하기 때문에 강력한 팀이 필요하다고 합니다. 또한 양질의 데이터를 활용할 수 있어야 하며, 인공지능은 굉장히 빠르게 진화하고 있기 때문에 기업체들이 연구개발에 많은 돈을 투자할 수 있을 만한 혁신적인 노력도 필요하고, 인공지능을 활용한 사업 목표가 명확해야 한다고 합니다. 그리고 사업가에게 조언도 잊지 않습니다. 작게 시작해서 자주 피드백을 받고 창업자는 인내심을 가져야 한다고 합니다.

또한 바드에게 가장 성장 가능성이 높은 산업이 어느 쪽인지 물어봤더니 헬스케어, 제조업, 금융, 리테일이라고 답했습니다. 헬스케어에서는 병을 진단하고 환자 개개인에게 맞춤형 치료를 하는 것이 가장 큰 시장입니다. 제조에서는 공정 자동화를 위해 로봇으로 제어하고, 수많은 센서를 통해 장비의 유지보수 시기를 미리 예측하는 것이 필요합니다. 금융에서는 한국과 미국이 매우 다른 양상으로 진행되고 있습니다. 한국에서는 주로 고객의 응대와 관련된 서비스가 주를 이루고 있다면, 미국은 자산운용과 리스크 헤지 위주로 적용되고 있는 것이 차이점입니다.

앞서 언급했지만 챗GPT는 출시 후 최단 시간 내 월간 사용자수 1억 명에 도달했다는 신기록을 달성했습니다. 2022년 11월 30일 서비스를 출시한 후 2023년 1월까지 두 달 만에 달성한 기록입니다. 인스타그램이 1억 명의 월간 사용자수를 확보하는 데 2년 6개월이 소요됐다는 것과 비교해 대단히 빠른 속도입니다.

어떻게 이렇게 빠른 시간 내에 성장을 이루어냈을까요? 사실 구글의 바드가 더 뛰어난 성능을 가지고 있는데도 말입니다. 전문가들은 이것이 스타트업의 성장 배경과 비슷하다고 말합니다. 누구나 사용할 수 있게 만든 접근성, 그리고 서비스가 제공하는 효용성 때문이란 것입니다. 챗GPT 이전에도 심심이와 같은 대화형 챗봇이 있었고, 인공지능 기반 챗봇 서비스도 있었지만 성능이 떨어져 큰 관심을 받지 못했습니다.

2021년 구글이 출시한 람다(LaMDA)는 자신을 명왕성으로 설정, 1인칭 시점에서 명왕성에 대해 다양한 이야기를 들려주면서 사람을 닮은 자연스러운 대화를 보여주었습니다. 심지어 람다는 종이비행기가 되기도 했습니다. 그러나 일반 사용자들이 체험해볼 수 없었고, 결국 사람들의 높은 호기심은 빠르게 식어버렸습니다. 2022년 람다2를 선보인 구글은 "안드로이드 OS 전용 앱인 'AI test

Kitchen'을 통해 람다를 테스트할 수 있다"고 했지만 미국에서 미리 신청한 사람들만 체험해볼 수 있어서 제한적이었습니다.

반면에 오픈AI의 챗GPT는 누구나 접속할 수 있었습니다. 사용자들은 직접 테스트를 해보면서 챗GPT의 성능에 매료되기 시작했습니다. 사용자가 많아지면서 잘못된 결과를 제시할 경우 사용자들의 피드백을 활용하여 성능을 개선하기도 했습니다.

오픈AI는 대부분의 스타트업들이 그렇듯이 일단 출시하고 고치자는 전략을 구사했습니다. 또한 빠른 유료화 정책을 시도했습니다. 초기에 오픈AI는 무료로 챗GPT를 공개했지만 곧바로 월 20달러의 유료 구독 모델을 발표했습니다. 마이크로소프트의 추가 투자 소식도 뒤이어 발표했습니다.

2023년 4월 현재 기준, 오픈AI의 챗GPT는 오픈소스로는 아직 제공할 계획이 없고 플러그인 유료 방식으로만 제공하고 있어 대규모 학습을 할 때 혹은 API를 사용할 때마다 비용이 들어갑니다. 오픈소스를 제공하는 다른 회사와 비교했을 때 오픈AI가 비영리 조직이 맞나 싶을 정도입니다. 기술의 진화도 상대적으로 개방적일 때 더 빠르고 경쟁력을 보여주었기 때문에 앞으로 한동안은 대형 언어 모델(LLM) 경쟁 구도에서 엎치락뒤치락할 것으로 보입니다.

구글이 2023년 3월 영국과 미국에 선출시한 텍스트 기반 생성형 AI 바드의 경우, 팜(PaLM, 패스웨이스 랭귀지 모델)2에서 실행되

| 대형 언어 모델(LLM)의 변화 |

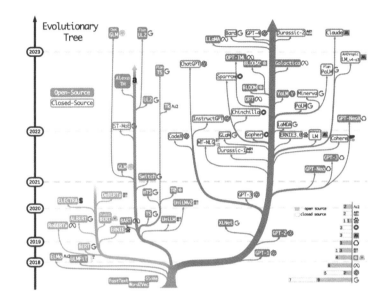

출처: GitHub - Mooler0410/LLMsPracticalGuide4

며, 챗GPT가 2021년 9월까지 데이터 학습을 한 반면, 2023년 3월 까지 최신 데이터를 학습한 것으로 알려져 있습니다. 따라서 데 이터 정확도 측면에서 오픈AI보다 더 높은 것으로 평가되고 있어 챗GPT의 가장 위협적인 대항마로 꼽힙니다. 최근 영어에 이어 한 국어 버전, 그리고 일본어 버전이 출시되었는데 한국어에서도 실 질적으로 최신 데이터를 기반으로 빠르고 정확하게 응답할 수 있 고, 제공되는 서비스 형태도 챗GPT와 큰 차이가 없습니다. 다만 영어 버전과 한국어 버전에서 바드의 차이는 'Google it'이 있는지 여부입니다. 영어 버전에서는 챗GPT의 답변의 근거로 하단에 'Google It'(참조되는 구글 검색 서비스)를 제시하지만 한국어 버전에서는 아직 구현하지 못하고 있습니다.

바드는 구글의 검색과 지메일 등 구글 25개 제품에서 사용할 수 있어 실질적으로 마이크로소프트 빙의 대항마가 될 수 있으며, 문서 작성 서비스인 닥스(Docs) 서비스와 결합해 이메일 초안을 작성할 수 있고, 렌즈(Lens)의 시각 분석을 사용해 관련 정보를 가져올 수 있어 확장성이 클 것으로 기대됩니다. 바드는 2023년 5월 현재 180개 이상의 국가 및 지역에서 영어, 일본어, 한국어 등 3개 언어로 제공되고 있습니다.

바드에게 자신에 대해 소개해달라고 질문했더니 방대한 텍스트를 훈련받아 사람처럼 이야기를 만들어낼 수 있다고 합니다. 그리고 '여전히 개발 중'이라고 합니다.

| 구글 바드의 자기 소개 |

 바드, 너에 대해 알려줘.

안녕하세요! 저는 바드입니다. 구글 AI에서 개발한 대화형 생성형 인공지능 챗봇입니다. 대규모 언어 모델인 LaMDA와 PaLM을 기반으로

하여 다양한 종류의 창의적인 콘텐츠를 생성하고, 질문에 대한 답변을
제공하고, 다양한 언어로 번역하는 등의 작업을 수행할 수 있습니다.
저는 아직 개발 중이지만, 다양한 종류의 작업을 수행할 수 있습니다.
예를 들어, 특정 주제에 대한 정보를 제공할 수 있습니다.
창의적인 콘텐츠를 생성할 수 있습니다.
질문에 대한 답변을 제공할 수 있습니다.
다양한 언어로 번역할 수 있습니다.
저는 여러분의 질문에 최선을 다해 답변하겠습니다.

그리고 삼성전자의 2023년 1분기 실적에 대해 물어보니 정확한
숫자를 제시하고, 질문하지 않았던 영업이익 감소 이유도 정리합
니다. 챗GPT의 경우 긴 형태의 답변이 많았다면, 바드는 요약을
해주고 더 깔끔하고 정확한 데이터를 제시합니다.

바드의 또 다른 특징은 구글에서 검색 기능이 제공된다는 점입
니다. 답변 내용을 기반으로 구글 검색과 연결되기 때문에 최신
정보를 가장 빠르고 정확하게 얻을 수 있습니다.

| 삼성전자의 2023년 1분기 실적과 향후 전망에 대한 바드의 코멘트 |

 2023년 1분기 삼성전자 실적에 대해 상세하게 이야기해주고, 전망도
해줘.

네, 삼성전자는 2023년 1분기에 매출 63조 7,500억 원, 영업이익

6,400억 원을 기록했습니다. 이는 전년 동기 대비 매출은 18.05%, 영업이익은 95.47% 각각 감소한 수준입니다. 전기와 비교하면 매출은 9.54%, 영업이익은 85.13% 줄었습니다.

삼성전자의 실적 부진은 글로벌 경제 불확실성 및 경기둔화 우려로 전반적인 구매심리가 둔화된 결과로 분석됩니다. 특히 메모리 반도체 부문의 실적이 크게 감소했습니다. 메모리 반도체의 경우 주요 수출품 중 하나인 D램이 서버 등 고객사 보유 재고가 높은 점이 수요 부진의 원인이 된 것으로 전해집니다. 시스템 LSI 부문도 모바일, TV 등 주요 응용처의 수요 부진이 지속되면서 SoC(System on Chip), 센서, DDI(Display Driver IC, 디스플레이 구동칩) 등 주요 제품의 수요가 급감해 실적이 하락했습니다. 파운드리는 글로벌 경기 침체로 수요가 위축됐고, 고객사 재고 증가로 주문이 감소했다는 게 삼성전자의 설명입니다.

삼성전자는 2분기에도 글로벌 경제 불확실성 및 경기둔화 우려가 지속될 것으로 예상하고 있습니다. 다만, 하반기에는 첨단 기술을 필요로 하는 HPC, 오토모티브 중심으로 시황 회복이 기대되고 있습니다. 이에 따라 삼성전자는 하반기 실적 개선을 위해 선단 공정에 집중하는 투자 전략을 이어갈 계획입니다. 또한, 경쟁력 있는 지혜의 공정을 근간으로 하는 3나노 2세대 공정의 안정적 개발을 토대로 적극적 고객 소통을 통해서 신규 고객 수주를 확대하고, 차세대 기술인 2nm 개발도 차질 없이 진행하여 기술 리더십을 강화할 계획입니다. 또한, 모바일 오토모티브, HPC, IoT 등 다양한 응용처 대응을 위한 스페셜티 공정 개발로 지속적인 미래 성장 발판을 마련하겠다고 밝혔습니다.

삼성전자의 실적 전망은 낙관적이지 않습니다. 글로벌 경제 불확실성 및 경기둔화 우려가 지속될 것으로 예상되고 있으며, 이에 따라 IT 수요가 위축될 것으로 전망됩니다. 또한, 삼성전자의 주요 경쟁업체인 TSMC가 선단 공정 개발에서 앞서나가고 있는 점도 삼성전자의 실적에 부담이 될 것으로 예상됩니다.

그럼에도 불구하고, 삼성전자는 선단 공정에 집중하는 투자 전략을 이어가고 있으며, 기술 리더십을 강화하기 위해 노력하고 있습니다. 또한, 다양한 응용처에 대응하기 위한 스페셜티 공정 개발도 진행하고 있습니다. 이러한 노력이 결실을 맺는다면, 삼성전자는 하반기 실적 개선을 기대할 수 있을 것으로 보입니다.

유닷컴(you.com)은 2022년 말부터 떠오르는 강자입니다. 해외 트위터 사용자들의 반응을 보면 구글보다 유닷컴을 더 자주 사용한다는 내용들이 꽤 많은데요, 구글 아이디 등으로 로그인해서 나에게 맞게 커스터마이징(Customizing)을 할 수도 있습니다. 상단에 YouCode, YouWrite, YouImagine 등 아이콘이 있는데 이것들이 상당히 재밌습니다.

유닷컴의 경우 대화형 검색(YouChat)은 챗GPT와 비슷합니다. 그러나 챗GPT는 내용의 오류가 많아 팩트 체크를 해야 하지만, 유챗(YouChat)은 참조까지 달아가면서 정확한 내용을 기술합니다. 작문(YouWrite)도 글의 종류(에세이, 단락, 이메일, 소셜 미디어 포스팅 등), 글의 어조(중립적, 친근감 있게, 전문가적으로, 위트 있게, 설득력 있게)로 설정할 수 있으며, 독자(Audience/Receiver)를 지정하고 주제(What is this message about?)를 던져주면 거기에 맞게 글을 씁니다. 그리고 개발자를 위한 딥러닝 모델을 찾아주고, 복사하거나 내려받아 조금만 고쳐 쓸 수 있습니다. 인공지능 코딩을 위해 내가 원하는 것을 자연어로 작성하면 거기에 맞게 파이썬, 정규식, 쿠버네티스 등으로 코드를 작성해 줍니다. 다만 유닷컴 역시 최신 데이터를 제공하지는 못합니다.

| 웹검색+챗GPT+이미지 생성+문서 생성(Copilot) 합친 것보다 강력한 유닷컴 |

출처: you.com

이미지 생성의 경우 유닷컴에서는 'Stabil diffusion 1.5 혹은 2.0', 'Open Journey', 'Animation' 등의 인공지능 모델을 사용자가 선택하여 사용할 수 있습니다. 이는 오픈AI와는 차별화된 전략입니다. 이미지 생성 모델을 사용자가 원하는 대로 선택해서 사용할 수도 있는데 자기가 원하는 그림과 비슷한 이미지 생성도 여

| 유이미지(YouImagine)의 이미지 생성 |

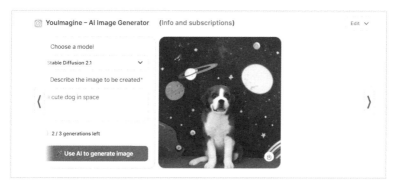

출처: you.com

러 가지 버전으로 그려줍니다.

신약 개발에 인공지능이 많이 사용되며 신약 물질을 찾는 기술을 가진 스타트업들도 많이 생겨나고 있지만, 실제로는 글로벌 제약회사들을 중심으로 이미 활용되고 있습니다. 다시 말하자면 글로벌 제약회사들이 굳이 신규 스타트업들을 사용할 필요가 없다는 것입니다. 이는 인공지능을 기반으로 하는 기업들이 성공하기 위해서는 사용자가 사용했을 때 만족감을 느낄만한 무엇인가가 있어야 함을 시사합니다.

신약 개발 물질을 찾는 것과 같은 거창한 목적이 아니더라도 챗 GPT 서비스를 제공하는 여러 버전을 사용해보면 사용자가 만족감을 느끼는 수준이 다릅니다. 간단한 예를 들어 보겠습니다.

왜 워런 버핏이 TSMC 주식을 팔고 일본 주식을 매수했는지 알려줘.

워런 버핏은 2023년 4월, TSMC 주식을 전량 매각하고 일본 주식을
매수했습니다. 그 이유는 다음과 같습니다.

- 지정학적 리스크: TSMC는 대만에 위치한 반도체 제조업체입니다. 대만과 중국은 국경 분쟁을 겪고 있으며, 중국이 대만을 침공할 가능성에 대한 우려가 있습니다. 버핏은 이러한 지정학적 리스크를 우려하여 TSMC 주식을 매각했습니다.
- 일본 경제의 회복: 일본 경제는 최근 몇 년 동안 회복세를 보이고 있습니다. 버핏은 일본 경제의 회복세를 보고 일본 주식에 투자했습니다.
- 일본 기업의 경쟁력: 일본 기업은 세계적인 경쟁력을 갖추고 있습니다. 버핏은 일본 기업의 경쟁력을 보고 일본 주식에 투자했습니다.

버핏의 투자 결정은 많은 사람들의 주목을 받았습니다. 버핏은 세계적인 투자의 귀재로 여겨지기 때문에, 그의 투자 결정은 시장의 흐름에 큰 영향을 미칩니다. 버핏의 TSMC 주식 매각은 대만 경제에 부정적인 영향을 미칠 것으로 예상됩니다. 반면, 버핏의 일본 주식 매수는 일본 경제에 긍정적인 영향을 미칠 것으로 예상됩니다.

이와 같이 워런 버핏이 TSMC를 팔고 일본 주식을 매수한 까닭을 묻는 질문에 대해 바드는 지정학적 이슈와 일본 주식의 저평가, 일본 경제의 회복을 이유로 들었습니다.

한편 같은 질문을 유닷컴에서 해보았습니다. 나름의 답변은 내놓고 있지만 바드와 같이 지정학적인 이슈까지 제시하지는 못하고 있습니다.

| 같은 질문에 대한 유닷컴의 답 |

왜 워런 버핏이 TSMC 주식을 팔고 일본 주식을 매수했는지 알려줘.

워렌 버핏이 TSMC 주식을 매도하고 일본 주식을 매수한 이유는 앞으로 TSMC의 발전 방향을 예측하기 어렵다는 불확실성 때문입니다. 반면, 버핏은 일본 기업이 국제 시장에서 경쟁력을 가지고 있으며, 가치가 과소평가되어 있다고 판단하여 일본 주식을 매수했습니다.

출처: you.com

동일한 질문을 오픈AI의 챗GPT-4 plus에서도 해보았는데요. 최신 버전에서 무려 5분 동안 기다렸는데도 답변을 내놓지 못하고 있습니다. 마이크로소프트는 아마도 조금 더 투자가 필요할 것 같습니다.

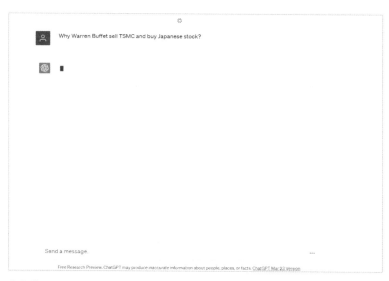

출처: 챗GPT-4 plus

이렇듯 개인 성향에 따라 다르겠지만, 필자는 개인적으로 구글 바드의 답변이 가장 마음에 들었습니다. 이것을 B2B에 적용해보면 어떨까요? 네이버가 만약 GPT를 기반으로 지식 외에도 생활 전반의 모든 서비스를 인공지능으로 구현해준다면 사용자의 편의성은 더욱 높아질 것입니다. 서비스 공급자 역시 이러한 인공지능의 도입을 통해 시장의 파이를 키울 수 있어야 그 산업의 생태계 도약(Jump-Up)이 가능합니다.

아마존은 어떨까요? 베드락(Bedrock)이라는 연합군 출시를 통해 현재의 오픈AI 지원을 받고 승승장구하는 마이크로소프트를 눌러 앉힐 수도 있을 것입니다. 기업들 입장에서는 전 세계 클라우드 플랫폼 시장점유율 1위를 차지하고 있는 아마존의 AWS에서 마이크로소프트로 굳이 이동하지 않아도 된다는 점에서 환호할 것입니다.

결론적으로, 성장하는 인공지능 기업에서 잠재적으로 평균 이상의 수익을 창출할 수 있으려면 다음 3가지 요소가 갖춰져야 합니다.

1. 기술의 변화에 대해 잘 이해하고, 그에 맞춰 잘 대응해낼 수 있는 기업
2. 자체적으로 자금을 조달할 수 있는 능력을 갖춘 우량 기업(예: 마이크로소프트) 혹은 경쟁사들을 뺏어올 수 있는 사업 구조를 가진 기업(예: 아마존)
3. 더불어 단순 성장률이 아닌 GARP(기업의 예상 성장률과 더불어 현재 밸류에이션)를 고려해야 합니다.

최근 트렌드를 살펴보면, 인공지능 업계에서 챗GPT와 같은 생성형 AI의 영향력을 이해하는 것이 무엇보다 중요하다고 할 수 있습니다. 생성형 AI는 시험 채점부터 광고 집행까지 매우 다양한 분야에 적용되면서 콘텐츠 제작 방식에 혁명을 일으켰습니다. 컨

설팅 회사 PwC는 2030년까지 인공지능이 세계적으로 최대 15조 7,000억 달러가 넘는 시장을 창출할 것이라고 분석하기도 했습니다. 이러한 성장 투자 전략의 조합을 인공지능이라는 주제에 적용하면 인공지능의 성장과 이를 수용할 수 있는 하드웨어 컴퓨팅 성능 및 인프라를 제공할 수 있는 기업은 곧 투자 기회이며, 규제나 데이터 문제는 이 분야에서 주목해야 할 주요 리스크입니다. 따라서 인공지능이라는 거대한 물결에 맞춰 투자할 때에는 순수 인공지능 기술을 보유한 기업을 찾기보다는 인공지능 시장의 성장으로부터 수혜를 받을 수 있는 기업을 고르는 게 좋습니다. 대표적인 예가 컴퓨팅 성능을 높일 수 있는 하드웨어 기반 기업들과 인공지능 인프라 관련 기업입니다. 더 자세히 살펴보면 고성능 반도체 제조 업체, 클라우드 인프라 제공업체, 반도체 장비 제조 업체 등이 이에 해당합니다. 더불어 사이버 보안 기업 또한 생성형 AI의 성장에 따른 수혜를 입을 수 있을 것으로 기대됩니다.

❷ 앞으로의 성장이 기대되는 국내 인공지능 관련 기업들

텍스트 기반의 생성형 AI 업체로는 오픈AI나 재스퍼AI(Jasper AI) 등이 있지만, 국내의 대표적인 거대 기업으로는 네이버가 있습니다. 네이버는 챗GPT보다 한국어를 6,500배 더 많이 학습하여 이용자들의 목적에 맞춰 최적화할 수 있는 하이퍼클로바X를 2023

년 7월 출시할 예정입니다. 하이퍼클로바X는 2021년 첫선을 보인 생성형 AI 하이퍼클로바의 업그레이드 버전인데요. 학습 데이터 중 한국어 비중이 97% 이상으로 네이버 뉴스와 블로그 등 데이터를 통한 자연스러운 한국어 표현이 가능해집니다. 또 한국 사회의 법, 제도, 문화적 맥락까지 이해해 소통하는 능력도 있습니다. 네이버가 생성형 AI 사업에서 어떤 장점이 있는지 좀 더 구체적으로 살펴 보겠습니다.

첫 번째 한국에서는 영어권 언어 모델을 기반으로 하는 챗GPT가 한국어 서비스를 구현하기 쉽지 않습니다. 영어와 한국어의 어순이 다르고 문화도 다릅니다. 영어 모델을 기반으로 한 챗GPT에게 불이 났을 때 어디에 전화해야 하냐고 물으면 911에 전화하라고 합니다. 119가 아닌 것입니다. 한국 사람이 외국어를 배울 때 언어 감각이 높다고 해서 한국 문화 외에 일본 문화, 중국 문화, 프랑스 문화, 미국 문화를 이해하고 말하는 사람이 얼마나 될까요? 챗GPT도 마찬가지입니다. 언어는 언어학, 사회학적으로 그 언어를 사용하는 나라의 문화와 사고방식을 담고 있습니다. 잘 만든 한국어 기반 언어 모델은 높은 언어 감각과 더불어 한국 문화에 대해서도 깊게 이해하고 있다고 볼 수 있습니다. 마치 언어 감각이 뛰어난 사람들이 해당 언어와 관련된 문화를 잘 파악하고 있듯이 말입니다. 그에 반해 영어를 기반으로 번역기를 2차적으로 사용하는 비즈니스 모델은 한국에서 사업화가 쉽지 않을 것입니다.

두 번째 오픈AI의 챗GPT는 영어 외에 한국어로 된 데이터도 함께 학습한 멀티링구얼(multilingual, 다언어사용자) 모델입니다. 그리고 이를 위해 수많은 한국어 데이터를 학습했을 것입니다. 이러한 모델들은 번역기를 붙여 사용하는 등의 방식이 처음부터 쉽지 않습니다. 현실적으로 한국에서 챗GPT처럼 모든 언어를 잘하는 모델을 만드는 것은 불가능에 가깝습니다. 그렇기 때문에 한국어에 특화된 모델을 만들고자 하는 것입니다.

세 번째 챗GPT는 커스터마이징(Customizing, 일종의 맞춤제작)이 불가능합니다. 네이버가 하이퍼클로버와 같은 모델을 만드는 이유도 커스터마이징이 안 되기 때문입니다. 그리고 모델을 직접 만져볼 수 없기 때문에 이를 활용한 연구에도 제약이 걸립니다. 즉 완전히 오픈AI에 종속되기 때문에 더더욱 컨트롤할 수 없습니다.

우리가 일반적으로 사용하는 '멍 때리다'라는 표현에 대한 챗GPT와 하이퍼클로바의 답변 내용을 보면 이와 같은 설명이 이해될 것입니다. '멍 때리기'가 위법한 행동이라는 챗GPT의 답변을

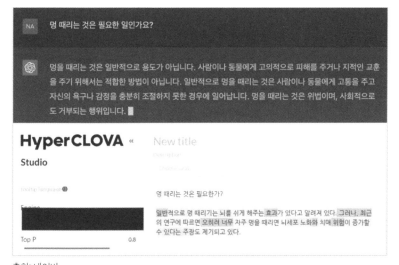

출처: 네이버

보면 언어와 문화의 장벽은 생각보다 여전히 높다는 것을 체감할 수 있습니다.

인공지능 히든 밸류 산업은 몇 가지가 있겠지만, 의료 인공지능이 그 중 핵심 산업 중 하나가 될 것이며, 궁극적으로는 진단이 아닌 치료가 될 것으로 전망됩니다. 인공지능 시대에 의료 빅데이터로 학습된 인공지능 기반 의료기기는 기존 규칙에 기반한 의료기기보다 진단 예측률이 더 뛰어나고 효율성이 높은 장점이 있습니다.

병원이나 의사의 입장에서 보면 진단은 수익성이 높은 영역이 아닙니다. 진단을 잘한다고 해서 비용을 더 내는 것은 아니기 때문입니다. 이 말은 곧 성장에 한계가 있음을 의미합니다. 인공지능이 MRI, 엑스레이 영상을 분석해 암이나 알츠하이머 치매에 걸렸는지 판독하는 것 외의 추가적인 성장이 필요합니다. 뒤에서 언급할 루닛이나 아워랩의 경우가 여기에 해당합니다. 두 업체는 의료 인공지능 영상 분석의 궁극적인 적용처를 진단이 아니라 치료의 영역에서 찾고 있습니다.

만약 의학적인 치료에 인공지능이 적용된다면, 비용은 치료기기, 그리고 치료와 관련된 수술 비용 상승으로 이어질 것입니다. 다시 말해서 의료 서비스를 제공하는 공급자에게 유리한 상황이죠. 이렇게 인공지능의 도입을 통해 산업의 전체 파이를 키울 수 있고 공급자가 사용할만한 니즈가 있어야 산업이 커집니다. 결국 서비스를 공급하는 공급자가 도입할 니즈가 큰 산업일수록 매출이 크게 발생할 것입니다.

주목해야 할
인공지능 관련 기업 완벽 분석
국내편

| 01 | 아워랩

슬립테크의 선두 주자

"잠이 보약이다"라는 말이 있습니다.

우리가 수면을 취하는 동안 우리 몸에서는 생각보다 많은 일들이 일어나는데요. 뇌를 비롯한 몸의 장기들은 낮 동안 축적된 피로를 회복하고 신체 면역력을 높여줍니다. 또 멜라토닌이나 성장 호르몬 등이 분비되고, 깨어있을 때 보고 들은 것들을 장기 기억으로 저장합니다. 따라서 제대로 잠을 제대로 자지 못하면 이러한 모든 과정이 방해받아 청소년기까지 키가 제대로 크지 못하고, 성인이 되면 면역력 저하, 피로 누적, 기억력 저하 등이 발생하게 됩니다.

만성적인 수면 부족은 고혈압, 비만, 치매, 당뇨병, 심장 질환이나 뇌졸중 등을 일으키는 요인이 됩니다. 누구나 살아가는 동안 3분의 1은 잠을 자야 하는데 현대 사회는 수면 시간을 빼앗아 가는 여러 가지 일들로 가득합니다. 이로 인해 수면의 양과 질을 확보하는 것이 현대인들에게는 새로운 과제가 되고 있는 상황입니다.

| 연령별 권장 수면 시간 |

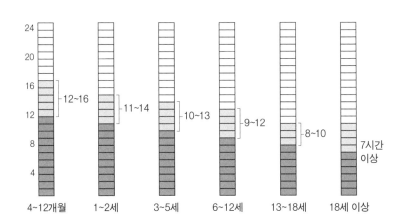

출처: Sleep foundation

　수면 부족을 겪는 사람 중 가장 흔하게 발생하는 것이 불면증과 코골이, 수면무호흡증 등인데 상당수는 본인 스스로도 인지하지 못하는 경우가 많습니다. 이렇게 코골이가 계속되면 코에서 기도까지 연결되는 상기도 기관에 손상이 갈 수 있습니다. 이 손상이 지속적으로 이어지면 중증 수면무호흡증으로 가는 원인이 됩니다. 수면무호흡증은 상기도가 완전히 막힘으로써 산소 공급이 안 되는 상황으로 잠을 자다가 수시로 깨거나 얕은 잠을 잘 수밖에 없게 됩니다. 또한 저산소증으로 인해 뇌졸중, 심방세동 등 심뇌혈관 질환 등이 발생할 수 있습니다.

글로벌 수면 시장은 2021년 150억 달러 규모로 성장한 데 이어, 2025년에는 321억 달러에 이를 것으로 추정됩니다. 국내 수면 관련 산업 규모 역시 2011년 2,800억 원 수준에서 2022년에는 약 3조 원까지 성장했습니다.

수면 부족은 건강과 웰빙의 문제뿐만 아니라 노동 생산성에도 영향을 주어 경제적으로도 광범위한 손실을 주고 있습니다. 펍메드(PubMed)에 실린 한 연구(〈Why Sleep Matters-The Economic Costs of Insufficient Sleep〉)에 따르면, 미국 경제는 '수면 부족'으로 인해 연간 최대 4,100억 달러의 손실을 직간접적으로 경험하고 있는 것으로 밝혀졌습니다. 미국 심리학회 APA PsycNet에 실린 또 다른 연구(〈The cost of poor sleep: Workplace productivity loss and associated costs〉)에서도 피로나 졸음으로 발생한 생산성 저하는 4.5~6%로, 노동인구 1인당 생산성 손실 비용은 연간 2,516달러 정도임을 추정한 바 있습니다.

국내 수면장애 환자수 역시 해마다 증가하고 있습니다. 2018년

7월 이전까지는 인당 약 100만 원에 이르는 검사 비용의 부담으로 진료를 포기하는 환자가 많았습니다. 그러나 수면다원 검사 건강보험 적용에 따라 수면다원 검사 시행수가 급증하고 있으며, 이로 인해 수면질환 중 대표적인 질환인 수면무호흡증 진료 또한 급증하고 있습니다. 수면다원 검사를 통해 나온 데이터를 표준화시키면 이를 치료에 이용할 수 있습니다.

아워랩은 인공지능을 기반으로 수면 관련 치료 하드웨어와 소프트웨어를 개발하는 업체이며 슬립테크 영역에서 국내 최고 수준이라고 할 수 있습니다. 무엇보다 수면 분야에서 양질의 수면 빅데이터를 가장 많이 확보하고 있다는 것이 이 기업의 강점입니다. 기본적으로 인공지능을 구현하기 위해서는 필수적으로 빅데이터가 많이 보유되어야 하는데, 세계 최고의 의학 저널인 〈슬립 저널(Sleep journal)〉의 데이터를 가장 많이 확보하고 있으며, 이를 통해 인공지능 알고리즘과 자체 보유 빅데이터를 바탕으로 수면치료를 하고 있습니다.

아워랩은 수면 영상 데이터를 2021년 5,830건에서 2022년 1만 건 이상으로 확보하였으며, 수면적외선 영상을 기반으로 수면다원 검사를 하고 있습니다.

현재 수면다원 검사는 별도의 검사비가 드는 것은 물론 병원에서 하루를 자야 하는 번거로움이 있는데다, 검사만 한다고 해서 수면 상태가 좋아지는 것은 아닙니다. 사람의 수면 패턴은 매일 달라지기 때문에 하루의 수면 검사가 일상의 모든 행위를 대변할 수도 없습니다. 게다가 미국에서는 수면다원 검사 비용이 상당히 높은 수준입니다. 때문에 스마트폰 앱으로 보다 많은 데이터를 모을 수 있다면 의료비 절감 효과도 있게 됩니다. 하루에 6~8시간에 달하는 수면 데이터를 모니터링한다면 그 환자의 평소 건강 상태는 물론 심근경색, 뇌졸중 등 중증 질환을 사전에 예측하거나 치료할 수 있을 것입니다.

또한 슬립테크는 B2C 시장을 공략해볼 수도 있습니다. 소비자 입장에서는 하루 종일 잠을 자지 못하면 괴로울 수밖에 없는데 만약 이를 개선할 수 있다면 아낌없이 돈을 쓸 의향이 있을 것입니다. 최근 삼성전자는 슬립테크를 강화하겠다고 밝힌 바 있는데, 슬립테크는 인공지능이나 사물인터넷(IoT) 기술을 접목해 개인의 수면 데이터를 수집·분석하고, 맞춤형 매트리스나 소파 등으로 수면질환을 개선하는 제품 및 서비스 영역입니다. 삼성전자가 만약 아워랩과 함께 '삼성 헬스' 또는 '스마트싱스'와 결합된 신규 사업 모델을 개발한다면, 블루오션인 슬립테크 시장에서 상당한 우위를 선점할 수 있을 것으로 기대됩니다.

더불어 글로벌 최고 수면학회 의료진들과 과학자들이 포진되어 있는 스탠포드 대학교와도 연구 협력 중이기 때문에 미국 수면장애 시장에서 슬립테크 업체로서의 성장 가능성이 높은 것으로 기대되고 있습니다.

또한 아워랩은 인공지능을 이용한 슬립디지털 바이오마커를 통해 궁극적으로 불면증 치료 시장 1위인 미국 시장에서 의미 있는 성과를 달성할 수 있을 것으로 기대됩니다.

| 인공지능을 이용한 슬립디지털 바이오 마커 |

출처: 아워랩

현재 양압기(CPAP, 수면 중 보조 호흡 치료)는 일정 시간 이상 사용을 지속하면 임대 비용을 매달 건강보험에서 지원해주지만 구강 내 장치는 아직 건강보험에 적용되지 않고 있습니다. 따라서 병원별로 사용하는 제품에 따라 160만~300만 원, 많게는 500만 원까지 비용이 듭니다.

| 기존 양압기와 아워랩의 구강 내 장치 |

출처: 아워랩

환자가 이비인후과나 치과에서 구강 내 장치를 처방받아 사용하는 경우가 많지만 개별적으로 구매해 사용하기도 합니다. 양압기를 사용하다가 포기한 환자들이 그 대안으로 구강 내 장치를 처방받기도 하는데요. 양압기 사용 환자들의 40~50%가 매일 지속적으로, 그리고 평생 사용해야 하는 까닭에 턱관절 장애가 발생하는 등 적응에 어려움을 겪고 중간에 포기하기 때문입니다. 아워랩의 구강 내 장치인 양압기는 환자가 좀 더 편하게 사용할 수 있습니다.

또한 수면 데이터와 결합해 인공지능 모델을 경량화하는 엣지 AI 기술이 각광을 받고 있는데, 경량화된 수면평가 모듈은 자연스럽게 불면증을 치료하는 디지털 치료제 개발로 이어질 수 있을 것으로 기대됩니다.

| 02 | 루닛

글로벌 의료 영상 인공지능 기업

현대 의료계에서 절대적인 비중을 차지하고 있는 의료 영상 시장
이 지속적으로 팽창함으로써 의료 인력이 부족해지고 의료 공급
자와 수요자 양측에게 문제가 발생하고 있는데요. 인공지능 영상
판독 솔루션을 통해 이러한 문제를 해결하고자 하는 추세입니다.
루닛은 2019년 방대한 데이터와 의료 및 공학적 지식을 결합한
인공지능 영상진단 솔루션 '루닛 인사이트'를 출시한 업체로, 기존
의료 전문가와 IBM, 구글, 마이크로소프트를 상회하는 성능을 지
닌 의료 인공지능 기업입니다.

| 루닛의 제품군 |

출처: 루닛 IR

의료 영상은 현존하는 최고의 검사 방법입니다. 1895년 독일의 빌헬름 뢴트겐이 X선을 발견한 이래로 의료 영상의 역사가 시작되었고, 이후 의료 영상학은 가장 많은 노벨상을 배출한 연구 분야로 자리 잡았습니다. 또한 고령화에 따른 의료 영상 데이터 수요가 증가해 공급 부족 현상이 이루어지고 있습니다.

미국의 의료 영상 시장은 매우 가파르게 성장하고 있는데요. 이에 비례해 의료 인력 부족 현상과 '이중 판독(Double reading)' 시스템으로 인해 의사들의 업무 부담 역시 가중되고 있습니다. 한국에서는 100병상 이상 종합병원의 경우 영상 의학과를 필수진료 과목으로 두고 영상의학과 전문의가 상주해야 합니다. 그럼에도 불구하고 구인난이 심각하고, 의사들의 진료 부담에 따른 집중력 저하로 평균 오진율이 10%에 다다를 정도로 높아졌습니다. 때문에 인공지능을 통한 영상 판독 도입이 의사 입장에서도 번아웃에 시달리는 의사들의 고충을 덜어주고, 환자로 하여금 더 나은 의료 서비스를 받을 수 있는 방안으로 제시되고 있습니다. 대다수의 유럽 국가는 유방암 검진 시 영상의학과 전문의 2명이 이중 판독을 하는 것을 가이드라인으로 두고 있는데요. 영상의학과 전문의 부족 현상이 심화되고 있기 때문에 향후 이중 판독의 대안으로 인공지능을 활용하는 방안이 검토되고 있습니다.

루닛 AI와 전문의 1명을 결합한 경우가 전문의 2명이 판독한 경우보다 암을 더 많이 발견한 것으로 나타났으며, 루닛 AI 단독으로 판독하더라도 전문의 2명이 판독한 것과 비교해 암검출 판독 정확도가 20% 향상되었을 뿐만 아니라 진단 효율성도 50% 증가한 것으로 나타났습니다.

| 루닛을 활용하면 암의 조기 진단이 가능하다 |

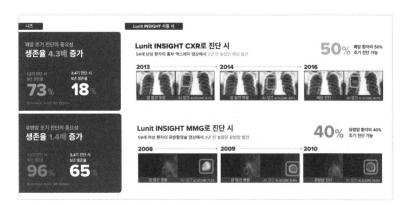

출처: 루닛

실제 일본의 경우 시골의 1인 병원에서는 아예 영상 판독을 할 수 없는 경우가 대부분인 상황입니다. 이러한 문제를 해결하기 위해 일본에서는 의료 영상 독점 기업인 후지필름 장비에 흉부 엑스레이 영상 분석 솔루션인 루닛 인사이트(Insight) CXR을 탑재하여 판독의를 대체하고 있습니다. 루닛의 실적 중 2022년 50억 원, 2023년 1분기 100억 원의 매출액은 후지필름에서 나온 것으로 추정됩니다. 루닛은 후지필름의 성공 사례를 통해 독자적인 판독 뷰어(viewer)가 탑재된 인사이트 통합 패키지 제품을 개발해 출시할 예정입니다.

루닛이 루닛 인사이트 CXR과 유방촬영술 영상 분석 솔루션 루닛 인사이트 MMG를 출시한 지 3년 6개월 만인 2022년 10월 인공지능 솔루션 도입 의료기관이 1,000곳을 넘어섰는데요. 2023년 3월 기준 고객사가 2배 이상 증가하면서 2,000곳을 돌파했습니다. 이 중 84%는 해외 고객으로, 도입 기관이 늘어나면서 실적 역시 가파르게 증가하고 있습니다. 루닛의 매출액은 2020년 14억 원에서 2021년 66억 원, 2022년 139억 원을 기록하며 매년 2배 이

| 루닛의 연간 매출액 추이 및 전망 |

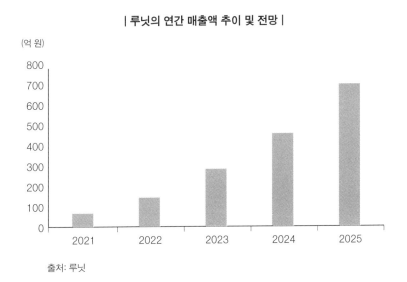

출처: 루닛

상 증가하고 있으며, 2023년 매출 목표는 2022년의 2배 수준인 약 286억 원을 기록할 것으로 예상됩니다.

　루닛은 궁극적으로 인공지능의 영상 분석 능력을 통해 항암자 개발에 활용할 수 있으며 항암 치료를 예측하는 방향으로 사업을 확대하고 있습니다. 이를 위해 2023년 4월에는 암 치료를 위한 인공지능 바이오마커 플랫폼 '루닛 스코프' 제품의 유통 채널 확대 등 사업 다각화를 위해 미국의 헬스케어 업체인 가던트헬스와 공동 개발 파트너십을 맺었습니다.

| 루닛의 장기적인 사업 확대 로드맵 |

출처: 루닛

　현재는 제품의 성능 향상을 위해 기존에 널리 쓰인 지도학습 (supervised running, 맞고 틀리고의 값을 넣어주는)에서 챗GPT와 동일한 비지도 학습의 방법을 적용하려 하고 있습니다.

| 03 | 뤼튼

인공지능 콘텐츠 생성 플랫폼

흔히 '초거대 AI'라고도 말하는 파운데이션 모델(Foundation Model)은 말 그대로 압도적인 컴퓨팅 인프라와 데이터 규모를 기반으로 한 초고성능 인공지능을 의미합니다. 인간 뇌의 시냅스에 해당하는 인공지능 모델의 파라미터 수와 학습 데이터 규모가 성능을 측정하는 지표가 되는데요. 일례로 최고 수준으로 평가받았던 오픈 AI의 GPT-3의 파라미터 수는 1,750억 개에 달했으며 학습 데이터는 45TB를 기록할 정도입니다. 현재 각국의 빅테크 기업들은 경쟁적으로 해당 모델 개발에 힘쓰고 있으며, 국내에서는 네이버를 선두로 카카오, LG, KT 등이 개발 중에 있습니다. 물론 새로운 아키텍처의 등장과 컴퓨터 성능의 개선으로 파운데이션 모델의 하이퍼스케일링은 효율화 및 가속화되고 있다고 하지만, 여전히 천문학적인 비용이 투입되고 있습니다. 이에 각국의 파운데이션 모델 개발사들은 개별 서비스를 운영하기보다는 모델 성능 고도화에 리소스를 집중하는 상황입니다.

미국 시장이 먼저 움직이고 있습니다. GPT-3의 API를 활용한 새로운 서비스들이 우후죽순 등장하고 있는데, 무조건 대량의 데이터를 학습시키는 것이 아니라 이미 개발된 모델 위에 적절한 고품질 데이터를 활용하여 특정 기능을 수행하는 솔루션들이 주목받고 있습니다. 현재 유니콘 반열에 오른 재스퍼(Jasper)의 경우 마케팅 카피라이트 생성에 집중했습니다. 이 외에도 코드 생성, 법률 검토 등 다양한 산업 분야에서 생성형 AI 스타트업이 성장하고 있으며, 현재 GPT-3 API를 기반으로 한 스타트업은 수백 개에 달하는 것으로 알려져 있습니다.

　미국 시장의 선례에서 볼 수 있듯, 생성형 AI 모델을 서비스화하는 차원에서의 경쟁력은 모델 자체를 개발하는 기업과는 다릅니다. 특정한 포인트가 존재하는 유의미한 규모의 시장을 타깃팅해야 하고, 모델 API를 적절하게 활용할 수 있는 프롬프트(인공지능에게 내리는 명령 혹은 질문)와 파인튜닝 기술력을 보유해야 하며, 타깃 시장과 솔루션을 정합한 양질의 데이터를 확보해야 합니다. 국내 스타트업에 투자하는 VC(Venture Capital, 벤처 캐피털) 입장에서는 마이크로소프트, 구글 등 빅테크가 주도하는 파운데이션 모델에서 벗어나 앞서 언급한 세 가지 경쟁력을 보유한 기업을 발굴해야 했습니다. 현재 비즈니스 콘텐츠 생성 툴로서 오픈베타 서비스를 진행 중인 뤼튼은 세 가지 경쟁력을 모두 보유한 국내 유일 기업입니다.

　뤼튼은 먼저 비즈니스 콘텐츠라는 시장에 집중했습니다. 이메일, 마케팅 카피라이트, 블로그 포스팅 등 비즈니스 영역에서 인간의 규격화되고 반복적인 작문 활동이 필수적이기 때문입니다. 뤼튼은 한국어와 영어 대형 언어 모델을 기반으로 약 50여 개의 카테고리를 포괄하는 서비스 오픈베타를 2022년 10월 런칭했는데, 시장 반응은 가히 폭발적이었습니다. 런칭 후 1개월 만에 약 3만 명의 유저가 가입했고 2개월 만에 10억 단어를 생성해냈습니다.

뤼튼의 기술력 또한 괄목할 만합니다. 생성형 모델로부터 원하는 결과값을 도출하는 프롬프트 엔지니어링(질문 잘하기)은 일종의 노하우가 필요한 영역입니다. 특정한 케이스에서 적절한 예제와 규모를 찾은 뒤 이를 가속화하는 방식이기 때문입니다.

뤼튼은 2021년 9월부터 오픈베타까지 약 1년간 GPT-3을 기반으로 다양한 실험을 해왔고 이를 기반으로 경험적인 노하우를 구축했습니다. 또한 파운데이션 모델에 추가적인 학습을 더해 특정 성능을 고도화시키는 방식인 파인튜닝 역시 준비되어 있습니다. 뤼튼은 서비스를 운영하며 축적되는 유저 데이터를 기반으로 툴의 성능은 높이고 비용을 줄이는 방식으로 기술적 장벽을 꾸준히 높여갈 계획입니다.

세 번째는 데이터 영역의 경쟁력입니다. 인공지능 기업의 핵심 경쟁력인 데이터의 경우 시장을 선점할수록 더욱 많은 데이터를 확보하게 되는 선순환구조를 가집니다. 뤼튼은 그동안 작문 콘퍼런스를 개최하며 활용 가능한 양질의 작문 데이터를 확보해온 바 있고 충분한 테스트 이후 완성도 높은 서비스를 안정적으로 제공하며 시장을 선점해왔습니다. 출시 3개월 차 생성량은 15억 단어 수준으로 2조 원 밸류의 해외 유니콘 기업 재스퍼의 월간 생성량의 67% 가까이 따라잡으며 양질의 유저 데이터를 확보해나가고 있습니다. 경험을 통해 고도화되는 인공지능 서비스의 구조상 잠재적 경쟁사로부터 지속적인 해자를 구축하게 된 것입니다.

뤼튼은 2023년 4월 일본어 서비스를 출시함으로써 일본 시장에 진출했는데요. 이를 통해 비영어권 시장에서 의미 있는 시장점유율을 확보할 수 있는 플랫폼 업체로 도약할 것으로 보입니다.

| 뤼튼의 일본어 서비스 |

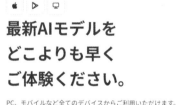

출처: 뤼튼

| **04** | 마음에이아이

인공지능 파인튜닝 전문 플랫폼

마음에이아이(구 마인즈랩)은 맞춤형 인공지능 학습(Finetune Train) 전문회사로 도메인 챗GPT인 마음GPT 언어 모델을 비롯해 음성 인식, 음성 생성, 얼굴 생성, 시각 엔진 등 5가지 주요 인공지능 엔진에 대한 맞춤형 서비스를 제공합니다. 챗GPT가 등장한 이후 수많은 인공지능 업체들이 난립하고 있으나, 지금 가장 난감한 업체는 LLM 파운데이션(대형 언어 모델 기반)에 어중간하게 투자한 회사일 것입니다. 파운데이션 모델에 이미 엄청난 규모로 투자했는데 오픈AI, 구글, 메타의 성능에 미치지 못한다면 파인튜닝(Finetuning, 미세한 조정)을 자사의 모델 기초로 해야 할지, 글로벌 회사의 모델을 기초로 해야 할지 고민스러울 것입니다.

챗GPT가 일반 사람도 손쉽게 사용할 수 있는 채팅 서비스라면, 미국의 재스퍼는 기업에게 특화된 서비스입니다. 예를 들어 광고 문구를 만들어 달라는 요청을 챗GPT에게 한다면 해당 기업의 특징을 고려하지 않은 평범한 결과물을 제시할 수 있지만, 재스퍼 브랜드 보이스(Jasper Brand Voice)는 GPT-3를 기반으로 특정 기업의 마케팅에 특화된 광고문구를 제작해줍니다. 마음에이아이 역시 특정 기업이나 서비스에 특화된 서비스를 제공합니다.

마음에이아이는 1,750억 개의 엄청난 자원이 소요되는 파운데이선 모델을 구축하는 대신 각 도메인별로 학습된 파인튜닝과 추론이 가능한 경량화 최적화 모델에 집중했습니다. 맞춤형 학습은 미리 학습된 모델(Pre-trained Model)을 가져와서 특정한 태스크(뷰티, 법률 등)를 수행하기 위해 해당 모델의 일부 레이어를 재학습하는 것을 말하며, 일부 레이어를 새로운 데이터셋(맞춤형 고객 데이터)에 맞게 재학습하면서 성능을 향상시키고 적은 양의 데이터로도 높은 성능을 얻을 수 있습니다.

맞춤형 파인튜닝 훈련을 통해 산업, 도메인별 데이터셋으로 학습시킨 맞춤형 마음GPT를 공급해 제주도 여행 전문가, 부동산 전문가, 보험설계사, 병·의원 상담실장 등 특정 부문의 GPT 서비스를 제공합니다. 이용자들이 마음오케스트라에 유입되기만 하면 모든 대형 언어 모델(LLM)을 사용할 수 있고, 이를 통해 최적화된 대형 언어 모델을 더욱 세밀하게 심화할 수 있습니다. 그래서 글로벌 대형 언어 모델이 출시되어 핵심 응용 포인트를 공개해주면, 그중에서 가장 좋은 것을 기반으로 파인튜닝하여 후발 주자로서의 이점을 극대화했습니다. 한국 시장보다 미국 시장이 더욱 크고 인공지능 모델을 구현하는 모든 원천 모델들 역시 미국에 있기 때문에 파운데이션 모델을 한국이 주도한다는 것은 쉽지 않은 일입니다. 대신 마음에이아이는 파인튜닝에 최적화되어 여러 산업 분야에서 표준화된 틀로 쉽게 적용할 수 있습니다.

| 마음오케스트라의 실제 적용 사례 |

출처: 마음에이아이

엔비디아 a100 하나에 넣을 수 있는 특정한 목적의 상용화된 언어 모델을 만들어 오케스트라에 연동한 후, 이를 다시 챗GPT 등과 연동해 실제 비즈니스에서 사용할 수 있도록 최적화된 대형 언어 모델을 계속 강화훈련한다는 것이 마음에이아이의 전략입니다.

마음에이아이는 특화된 영역에 높은 정확도를 보이는 산업·도메인 GPT 연구개발에 성공했습니다. 최근 오픈한 마음GPT-뷰티(maumGPT-Beauty, 뷰티 도메인의 챗GPT)의 경우 뷰티와 화장품 영역에서 상당히 정확한 답변을 하는 것으로 알려졌습니다.

마인즈랩은 현재 학습 중인 교육, 엔터테인먼트, 생활, 건강, 스포츠, 사회, 경제, 법률 등 다양한 도메인 챗GPT를 차례차례 하나씩 오픈해 나간다는 전략입니다. 이렇게 산업별로 오픈하는 마음

| 마음에이아이에서 추천하는 탈모 샴푸 |

| 마음에이아이에서 추천하는 탈모 샴푸 |

출처: 마음에이아이

| 신한은행의 인공인간 디지털 데스크 서비스 구현에 적용된 마음에이아이 |

출처: 마음에이아이

GPT 챗봇들은 마인즈랩 홈페이지 마음AI(maum.ai)의 통합 챗봇 화면에서 챗GPT 등 다른 대형 언어 모델들과 함께 사용할 수 있습니다. 또한 인공지능 휴먼을 출시해서 요즘 세대들이 기피하는 직업 중 하나인 호텔리어나 리셉셔니스트의 역할을 대신할 수 있습니다. 한국과 마찬가지로 심각한 인력 부족을 겪고 있는 일본의 호텔이나 공항에서 마음에이아이의 인공지능 휴먼이 적용되고 있습니다.

| 05 | 투블럭에이아이

한국형 글쓰기 인공지능 리더

생성형 AI가 불러온 학습 콘텐츠 환경은 맞춤형 개인화, 대화형로 이어질 것입니다. 투블럭에이아이는 자체적인 한국어 형태소 분석기는 물론 HanBERT(사람의 언어인 자연어 처리 과제 해결을 위해 언어 표현을 사전에 학습시키는 언어 모델), HanBART, HanGPT 등 한국어 특화 심층 언어 모델 기술 기반으로 한국어 글쓰기 첨삭 서비스 '키위티(KEEwiT)'를 운영하고 있는 에듀테크 인공지능 스타트업입니다.

대한민국 엄마들의 관심은 '아이의 문해력을 어떻게 하면 높일 수 있을까?', '사교육비 부담을 최소화하고 자녀 글쓰기 실력을 높일 방법은 없을까?' 등일 것입니다. 한국의 국어교육 시장은 2조 원 내외로 추산되며, 2022년 기준 초중고 사교육비 총액은 소비자물가상승률(5.1%)의 두 배인 10.8%로 증가하고 있습니다. 초저

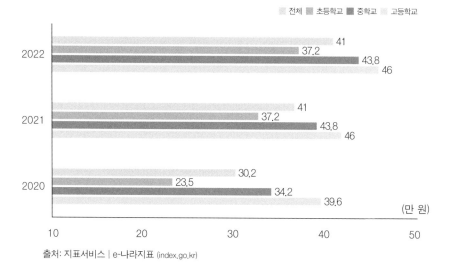

| 연도별 학생 1인당 월평균 사교육비 |

전체 ▦ 초등학교 ▪ 중학교 ▦ 고등학교

2022
41
37.2
43.8
46

2021
41
37.2
43.8
46

2020
30.2
23.5
34.2
39.6

(만 원)

10 20 30 40 50

출처: 지표서비스 | e-나라지표 (index.go.kr)

출산 시대이지만 역설적이게도 사교육비는 더욱 증가하고 있다는 말입니다.

안타깝게도 아이들의 글쓰기 교육은 가장 어려운 문제 중 하나입니다. 1 대 1 학습이 가장 이상적이지만 교사들의 전문성이 미흡하다 보니 학습 효과도 미미하고, 특정 주제에 대해서는 편향성을 가지기도 합니다. 교사 개개인의 평가 기준을 가지고 있다 보니 일관성도 부족합니다. 교사가 학생들의 글쓰기 교육을 위해 투입해야 하는 시간과 노동력 대비 효율성도 낮기 때문에 적극적으로 교육하려고 하지 않습니다. 이러한 문제에 대응하기 위해 평가의 정량화를 통해 신뢰도를 확보하고, 개인별 맞춤 학습, 빠른 피드백을 제공함으로써 첨삭지도의 효율성을 높이고자 탄생된 업체가 투블럭에이아이입니다.

투블럭에이아이는 국내 스타트업 최초로 자체 BERT(언어 모델)를 개발, 분석형 인공지능 기술 역량을 확보하고 생성형 AI 활용을 접목시켰습니다.

사용자가 자신의 글을 키위티에 입력하면 인공지능이 평가하고 점수까지 매겨줍니다. 단순한 문법적 오류뿐 아니라 주장에 적절한 근거가 있는지, 글 흐름이 논리적인지, 내용이 주제와 연관성이 있는지 등을 꼼꼼히 지적합니다. 본질적으로 챗GPT는 사람이 먼저 질문하고 챗GPT가 대답하는 형태이기 때문에 질문을 많이, 세분화해서 할수록 더욱 답변을 잘합니다. 하지만 키위챗은 사람의 글을 읽은 챗봇이 사람에게 먼저 질문해 공감의 대화를 이끌어 갑니다.

투블럭에이아이는 5만 건의 실제 글쓰기 데이터를 수집하여 각각의 글의 특징을 추출, 이를 점수화하고 문법적 정확성, 어휘의 풍부성, 문장 구성력 등 글을 평가하는 6개 지표를 기준으로 학습자의 글을 분석하며 10초 안에 분석 및 첨삭 결과까지 제공합니다.

투블럭에이아이는 대교의 독서토론논술 브랜드 솔루니에 키위

| 두브릭에이아이의 기술을 기반으로 한 키위(Keewi) 글쓰기 평가 |

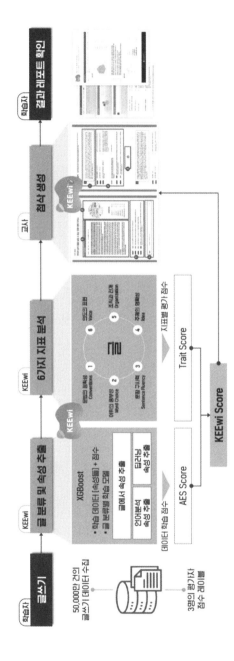

출처: 두브릭에이아이

| 대교 솔루니와 투블럭에이아이의 협업 |

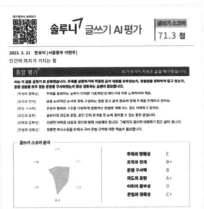

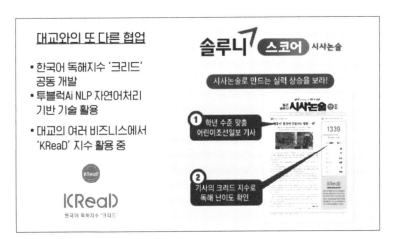

자료: 투블럭에이아이

서비스를 접목하여 '솔루니 글쓰기 AI 평가'를 런칭했습니다. 또한 비상, 아이스크림 에듀, 능률교육에서도 솔루션을 접목하려 시도하고 있습니다. 현재 키위 서비스는 초등학생부터 고등학교 3학년에 이르기까지 전 학년에서 사용할 수 있으며, 교육 현장에서는 사교육 업체들보다 공교육에 있는 선생님들의 관심도가 매우 높다고 합니다.

| 06 | 샌즈랩

사이버 위협 정보 수집과 분석 서비스를 주력으로 인공지능이 접목된 보안 기술 기업

CTI(Cyber Threat Intelligence)라는 기술은 전 세계에서 활동 중인 사이버 공격 그룹에 대한 실시간 추적과 공격 기법, 공격에 사용된 서버 정보, 목적 등을 실시간으로 분석하여 보안 위협에 대해 효과적인 대응이 가능하게 해주는 기술입니다.

최근 전자문서 등의 기반 업무와 비대면 업무가 급증하면서 이메일을 통한 업무 시 APT(Advanced Persistent Threat, 지능형 지속 공격)가 증가하고 있습니다. 이메일 내에서 실행하지 않아도 이메일을 클릭하는 순간 사이버 공격이 수행되기 때문에 갈수록 기존 컴퓨터 백신으로 방어가 어려워지고 있습니다.

최근에는 북한에서 국방, 안보 분야의 전현직 고위 관계자를 타

깃으로 악성 워드 문서를 사용해 컴퓨터 내에 존재하는 정보를 수집하고 탈취하는 시도가 있었는데요. 점차 정치, 경제, 사회, 문화 등 사람들의 생활 인프라를 위협하는 공격으로 발전하고 있습니다. 이에 대응하기 위해 다양한 분야에서 연구가 이루어지고 있고 비실행형 악성 파일 탐지 기술도 연구 중이지만, 공격 그룹과 공격 기법을 식별하지 못해 사람이 직접 수동으로 분석해내야 하는 번거로움이 있습니다. 따라서 이를 자동으로 분석해 공격 기법과 공격 그룹을 식별하고 악성이나 정상 탐지에 대해 설명해줄 수 있는 새로운 기술이 필요하게 되었습니다.

샌즈랩은 이러한 인터넷상의 APT를 통해서 발생하는 각종 개인 정보 유출, 기업 이미지 피해 등 직접적인 손실에 대응하여 IT 자산의 안정적 운영과 비즈니스의 연속성을 확보할 수 있도록 프로그램을 서비스하는 업체입니다.

샌즈랩은 현재 인공지능과 빅데이터 기술을 기반으로 하루 평균 200만 개에 달하는 신규 악성코드와 사이버 위협을 수집·분석하고 있습니다. 현재까지 수집·분석한 누적 악성코드 수는 22억 개 이상, 위협 데이터 수는 317억 건이며 데이터 규모는 5페타바이트(PB)에 이릅니다. 이러한 데이터를 기반으로 학습한 CTI 플랫폼의 인공지능 모델의 평균 분석 성공률은 99.95%에 달한다고 합니다.

| 샌즈랩의 데이터 보유량 추이 |

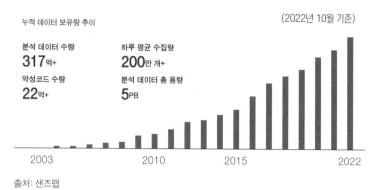

누적 데이터 보유량 추이 (2022년 10월 기준)

분석 데이터 수량
317억+

하루 평균 수집량
200만 개+

악성코드 수량
22억+

분석 데이터 총 용량
5PB

2003   2010   2015   2022

출처: 샌즈랩

| 실시간으로 확인할 수 있는 국가별 사이버 테러 지역 |

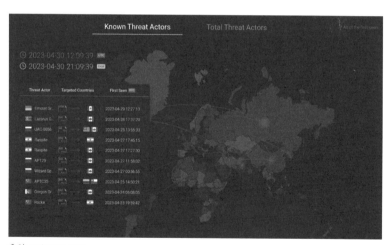

출처: malwares.com

샌즈랩은 국내 2년 연속 NET(신기술 인증)을 통과함으로써 제품 경쟁력을 확보했습니다. 이 회사의 멀웨어즈닷컴을 통해 악성코드 공격에 대한 조기 대응이 가능해짐으로써 데이터 및 서버 피해 복구를 위해 사용되는 사회 간접 자본 손실을 최소화하여 매년 약 5,500억 원 규모의 자본을 절약하는 효과가 기대됩니다. 멀웨어즈닷컴은 아시아에서 가장 많은 악성코드 데이터를 보유하고 있는데 기존에는 아마존, 마이크로소프트 등 글로벌 기업의 데이터센터를 활용하다 보니 비용이 많이 들었습니다. 이 문제를 해결하기 위해 샌즈랩은 자체 데이터센터를 구축하고 있고, 또한 팔로알토 네트웍스, 포티넷, 시스코, 체크포인트 등이 주도하는 글로벌 사이버 보안위협 정보 공유 협의체인 '사이버 위협 얼라이언스(CTA)'에 가입해 글로벌 경쟁력을 인정받고 있습니다.

| 07 | 포자랩스

음원 작곡 시장의 절대 강자

포자랩스는 생성형 AI를 활용해 작곡, 편곡, 믹싱, 마스터링 등 음악과 관련한 생성 솔루션을 제공하는 기업입니다. 특히 영상 창작자들이 영상을 만들 때 배경음악(BGM)은 매우 중요한 요소인데, 해당 영상에 어울리는 배경음악을 찾는 데만 엄청난 시간이 소요된다고 합니다. 배경음악은 해당 영상에만 적용되기 때문에 제작 비용이 비쌀 뿐만 아니라 제작 기간도 최소 3일에서 몇 달이 소요되기도 합니다. 경제학적인 용어로 표현하면 수요자 입장에서는 투입되는 자원(비용, 시간 등)이 너무 크고, 공급자인 작곡가 입장에서는 비전문가인 수요자와 소통하기가 쉽지 않습니다. 예를 들어 음악을 듣고 싶은 평범한 일반인들이나 드라마, 영화 제작자들은 전문가가 아니기 때문에 어떤 톤으로 어떤 악기들을 써서 몇 분의 길이로 맞춰달라는 식의 구체적인 형태로 의뢰할 수 없습니다. 이런 경우 공급자(작곡자)는 참고할 만한 다른 음악들을 요구하게 되는데 대부분의 수요자들은 이러한 요구에 응하는 것도 간단한 일이 아닙니다. 결국 지난한 과정을 거친 후 서로가 만족할 수 없는 결과물을 두고 속만 태우는 일이 빈번합니다.

작곡가, 곡의 종류 등에 따라 다르겠지만 보통 의뢰 비용은 곡당 30만 원~300만 원 정도입니다. 이 정도 비용은 수요자 입장에

| 포자랩스의 비즈니스 모델 |

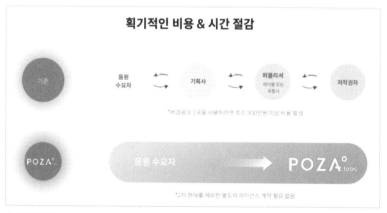

출처: 포자랩스

서는 적은 돈이 아니겠지만, 여러 번 수정 작업을 해야 하는 공급자 입장에서는 만족할 만한 수준이 아닐 수 있습니다. 특히 콘텐츠 제작사들의 경우 여러 배경 음악이 필요하기 때문에 의뢰하는 곡 단위가 몇천 개 수준이어서 시간과 비용이 적지 않게 들어갑니다. 또한 담당자는 많은 작곡가에게 참고할 만한 곡을 주며 각각 소통해야 하고 콘텐츠 제작 담당자가 들어봐야 하는 결과물도 몇천 곡에 달합니다.

이러한 음원 작곡 시장에서 포자랩스는 '빠르고 저렴하게, 정확하고 품질 높은 작사, 작곡, 가창 모두 가능한 대중음악 창작 콘텐츠'를 인공지능이 학습한 음원 데이터를 통해 5분 만에 만들어낼 수 있습니다. 인공지능이 학습하기 위한 음원 데이터를 직접 만들

| 포자랩스의 비오디오 구현 화면 |

고 있기 때문인데 저작권 침해나 표절 문제 등도 발생하지 않습니다. 2023년 4월 기준 학습된 음원 데이터 수는 100만여 개입니다. 포자랩스는 2023년 2월 말 B2C 서비스를 출시했으며, 현재 데이터 학습에서 최종 음원을 출시하는 데 3주 정도 소요되고 있다고 합니다.

포자랩스는 2022년 9월, 인공지능 배경음악 구독 서비스 '비오디오(Viodio)'를 출시했습니다. 비오디오는 비디오와 오디오의 합성어로, 영상과 오디오 콘텐츠를 제작하는 콘텐츠 크리에이터와 기업이 저작권 걱정 없이 사용할 수 있는 인공지능 배경음악을 제공하는 구독 서비스입니다. 대부분의 인공지능 음악이 단조롭고 기계적인 사운드를 만드는 반면, 포자랩스의 음악은 자연스러우면서도 기승전결을 갖춘 웅장한 사운드가 특징입니다. 드라마나 영화, CF, 게임 등 원하는 장르, 분위기, 영상 테마를 선택하면 이에 알맞은 인공지능이 작곡한 배경음악을 추천받아 내려받고, 자신만의 스타일로 편곡할 수 있는 기능도 활용할 수 있습니다. 유튜브 영상을 만들 때나 프로젝트 PPT를 작업할 때와 같은 비즈니스에서부터 사적인 기념일에 이르기까지 활용 영역은 무척이나 광범위합니다.

포자랩스는 다양한 장르와 분위기에서 완성도 높은 음악을 인공지능 기술로 구현해 네이버, CJENM, 크래프톤, 위시컴퍼니

(Wish Company) 등의 기업들과도 긴밀히 협업 중입니다. 인공지능이 작곡한 음악은 게임, 영화, 광고, 예능프로그램 등에서 배경음악으로 쉽게 접할 수 있습니다. 드라마 〈닥터 로이어〉 최종화에 삽입되어 긴장감과 웅장한 느낌을 더해준 OST 〈In Crisis〉가 바로 포자랩스의 기술로 만든 것입니다.

| 포자랩스의 개인용과 기업용 구독 서비스 요금 체계 |

출처: 포자랩스

| 08 | 트웰브랩스

전 세계 최초의 영상 검색 기술 기업

오픈AI가 인터넷의 수많은 텍스트와 이미지를 학습해서 재창조해내는 챗GPT를 개발했다면, 트웰브랩스는 수많은 영상에서 유의미한 부분의 추출 기술을 보유한 영상계의 오픈AI에 비유됩니다. 전 세계 데이터의 80%는 영상이고 이제 영상 없는 삶은 찾아보기 어렵습니다. 특히나 MZ 세대들은 대부분의 시간을 영상을 시청하는 데 사용한다고 합니다. 그럼에도 불구하고 영상 검색은 키워드나 태그, 제목 등의 단순 방식에 의존하고 있으며, 글보다 더 복잡하고 역동적인 데이터인 영상 처리를 하는 데에는 적지 않은 어려움이 있어서 실제로 영상 내 정보는 거의 활용되지 않아왔습니다.

트웰브랩스의 인공지능 영상 검색 기술은 수많은 영상 데이터베이스에 검색어를 입력하면 검색어에 해당하는 영상과 해당 영상 내의 장면을 정확히 찾아내 줍니다. 인공지능이 영상 속 음성어, 시각 정보, 등장인물, 문자까지 이해하기 때문에 장면 설명이나 긴 대화의 맥락까지 검색하면서 원하는 구간을 찾아냅니다.

트웰브랩스는 특이하게도 딥러닝의 '갓(God) 대모'라고 불리는 페이페이 리 미국 스탠퍼드대 교수와 '트랜스포머' 기술의 공동 개발자 에이단 고메즈 등이 엔젤 투자자로 참여하고 있습니다. 또한 모델 개발을 위한 인공지능 학습 컴퓨팅 자원의 확보 차원에서 오라클(Oracle)과 대규모 클라우드 파트너십을 체결했고, 인공지능 학습을 위한 수천 개의 엔비디아 GPU 반도체를 확보해 초거대 모델 고도화를 이루어 냈습니다.

트웰브랩스의 검색 기술은 구글의 MUM AI 시스템과 비슷하지만 구글이 이 기술을 공개하지 않기로 했기 때문에 트웰브랩스가 이와 같은 기술을 시장에 내놓는 첫 업체가 될 것으로 전망됩니다.

| 트웰브랩스의 플랫폼 기능 데모 화면 |

출처: 트웰브랩스

| 실제 트웰브랩스로 검색할 수 있는 동영상들의 예 |

출처: 트웰브랩스

트웰브랩스는 오라클과의 클라우드 계약 체결을 계기로 대형 영상 모델을 구축해 영상 검색뿐만 아니라 분류와 요약, 추천 등 다양한 영상 관련 작업이 가능한 기술을 개발할 예정입니다.

| 09 | 오픈엣지테크놀로지

세계 최초의 PHY(물리계층) IP 테스트 칩 개발 업체

국내는 IP 산업의 저변이 미약하지만 반도체 산업이 시작된 미국과 유럽에서 IP 산업은 '반도체 산업의 꽃'입니다. 반도체 설계의 본질은 파운드리 공정에서 IP를 얼마나 잘 사용하는가인데요. 여기서 IP는 인터넷 IP(Internet Protocol) 주소가 아닌 'Intellectual Property'를 말합니다. 예를 들면 USB, ARM, RISC-V, E2PROM,

BLE, RF, ADC, NFC, DDR PHY, DP 각종 Codec 등등 모든 설계 자산이 IP입니다. 특정 파운드리의 어떤 공정의 어떤 버전에서 그 IP가 실리콘 검증된 것인지, 그 IP가 수백만 개 이상 생산 검증된 양산용 IP인지가 중요한 것입니다.

Arm, Synopsys, Cadence, Alphawave 등 메이저 IP 회사들은 기본적으로 R&D 위주 산업인데다가 설비투자가 필요 없어 연간 30~40%의 높은 영업이익률을 보여주고 있습니다. 반도체 팹 내에 사용하는 여러 소재, 장비, 부품회사의 일반적인 영업이익률이 10~20% 수준인 점과 비교하면 부가가치가 높다고 할 수 있습니다.

| 반도체 IP 사업 구조 |

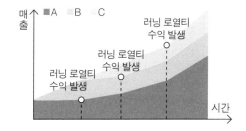

반도체 IP는 반도체 기능을 수행하는 설계의 기본 단위로 CPU, GPU, NPU 등 SoC(System On a Chip)에 들어가는 여러 IP를 조합하고 추가적인 기능을 더해서 실제 반도체 칩이 설계, 제작됩니다. 반도체 산업에서 IP는 제조업으로 비교하면 부품 모듈에 해당합니다. 한 대의 자동차가 수천 개의 부품을 조합해서 만들듯이, 최근 반도체 기술이 고도화되어 집적도가 높아짐에 따라 점점 더 많은 시스템 기능이 단일 칩에 통합되는데 이러한 SoC를 완성하기 위해서는 수많은 IP가 필요합니다.

일반적으로 SoC는 칩 내부에 프로세서가 포함되고, 그에 따라 처리해야 할 레지스터, 주변 회로 등이 모두 포함됩니다. 그와 아울러 해당하는 시스템을 구현하기 위한 기능 블록들을 하나의 칩에 집적시켜야 하므로 기존의 칩들보다 규모가 커지게 되어 칩의 개발 기간이 더 소요됩니다. 다만 제조업의 부품과는 달리 IP는 물리적인 형체가 없이 설계도만을 공급합니다.

오픈엣지는 HBM 메모리에 사용되는 IP 역시 nm(나노미터) 공정 기술을 적용한 서버용 LPDDR5X와 챗GPT에 사용되는 HBM3 메모리 표준을 지원하는 PHY(물리계층) IP 테스트 칩을 세계 최초로 개발했습니다. 서버용 LPDDR5X용 메모리 표준을 지원하는 7nm 테스트 칩은 오픈엣지가 세계 최초로 선보였으며, LPDDR5X 이전 메모리 표준과의 호환도 가능해 최종 고객으로

하여금 제품 DRAM의 선택 폭도 넓혀 향후 채택될 가능성이 높습니다. 또한 SoC와 DRAM 간 고속 데이터 통신을 제어하는 오픈엣지의 DDR 메모리 컨트롤러 IP 제품과의 시너지로 저전력 DDR 메모리 시스템에서 차별화된 성능을 제공할 수 있습니다. LPDDR5X는 국제반도체표준협의기구(JEDEC)가 정한 LPDDR DRAM 표준 중 가장 최신의 표준으로 LPDDR5에 이은 차세대 고성능, 저전력 메모리 제품입니다. 중앙집중 서버가 모든 데이터를 처리하는 클라우드 컴퓨팅과 달리 분산된 엣지 환경에서 실시간으로 처리하는 엣지 컴퓨팅 용도로 전력 소모 및 처리 속도를 최적화한 특징이 있습니다. 또한 오픈엣지는 최신 표준 중 하나인 8.4Gbps 고대역폭메모리(HBM3) 표준을 지원하는 PHY IP 테스트 칩도 개발했습니다. 따라서 HBM3와 관련된 IP 회로 설계 시 오픈엣지의 설계도가 채택될 가능성이 높습니다.

| 10 | 네오와인

보안 분야 인공지능 반도체 팹리스 업체의 가능성

네오와인은 인공지능 반도체 개발 회사 중 드물게 보안 분야 반도체로 1억 2,000개 이상의 반도체를 연구개발, 양산해서 세계로 수출하고 있습니다. 즉 반도체의 크기, 파워, 가격 등에서 경쟁력이 있고 양산 가능한 인공지능 반도체를 개발하는 팹리스 업체입니다.

네오와인은 매출의 약 78%가 중국, 대만, 일본 등 해외에서 발생하고 있으며, 누적 1억 2,000만 개의 인공지능 보안 반도체를 2,000곳 이상의 기업 고객에게 공급하고 있습니다.

| 네오와인의 주요 제품군 |

ALPU series
전자기기의 시스템 S/W의 불법복제를
방지하기 위한 보안반도체 IC

DALPU series
IoT 기기, 데이터의 인증 및 암/복호화 처리를 위해
PKI 기반 암호화 알고리즘이 탑재된 제품

AI Solution
AI HP & SW는 AI 칩 개발자와 AI 애플리케이션 개발자를
위한 솔루션

출처: 네오와인

네오와인의 AI 엣지 영상보안 솔루션은 CCTV 카메라 영상신호를 인공지능 분석 엣지 장치가 분석, 실시간 화재 상황을 감지하고 판단해 VMS 및 관리자에게 상황을 전달하고 출입자를 관리하는 솔루션으로, 고객 요구에 특화된 인공지능 모델을 공급합니다.

IoT 보안 반도체(DALPU-4)는 IoT 단말과 게이트웨어(서버) 간 PKI 공개키 기반 데이터 암호화 및 인증을 위한 저전력 보안 칩으로, 국정원의 KCMVP 인증을 받아 국가 공공기관, 군을 포함 스마트 시티, 스마트 팩토리 및 스마트 홈 IoT 보안에 적용됩니다.

복제방지 반도체(ALPU Series)는 전력 초소형 칩으로 고객의 MCU와 상호 인증을 통해 제품 동작이 가능해 고객의 시스템 소프트웨어 불법 복제의 보호, 사용횟수 제한, 생산품 카운트 등 IP 카메라, 자동차 ADAS, 인공지능 스피커 등 복제방지가 필요한 모든 전자기기에 적용할 수 있습니다. 또한 인공지능을 구현할 때 별도의 코딩을 하지 않고 기존의 코딩을 재사용 할 수 있다는 것이 네오와인의 장점이기도 합니다.

| 11 | 한미반도체
HBM을 구현하기 위한 알파이자 오메가

마이크로소프트는 2019년부터 인공지능 칩 '아테나'를 개발 중이라고 밝혔습니다. 현재의 챗GPT가 더욱 향상된 성능으로 소프트웨어를 처리하기 위해서는 연산을 빠르게 시켜주는 연산 가속기가 필요합니다. 유일한 대안인 GPU로는 구매 비용, 유지 비용, 데이터센터 확충도 쉽지 않기 때문입니다. 오픈AI의 챗GPT 모델로 구동되는 마이크로소프트의 빙 AI 챗봇이 모든 사용자에게 제대로 응답하려면 최소 40억 달러의 투자 인프라가 필요합니다. 초거대 AI 모델을 사용하는 것은 하드웨어 성능이 제일 좋기 때문이지 소프트웨어 문제가 아닙니다. H100이나 A100이 최소화된 전력을 사용하면서도 가장 저렴한데요. 엔비디아가 고성능컴퓨팅(HPC) 부문에서 전력 관리의 왕이라는 말이 괜히 나온 게 아닙니다.

AWS, MS, 구글, 오라클 등의 메이저 클라우드 서버 업체들은 제한된 가용성을 가지고 있으며, 서버용 GPU가 부족해서 팀 사이에 갈등도 일어나고 있습니다. 따라서 이를 원활하게 구현하기 위해 HBM이 사용되게 되는데요. HBM(High Bandwidth Memory)은 여러 개의 DRAM을 수직으로 연결해 기존 DRAM보다 데이터 처리 속도를 혁신적으로 끌어올린 고부가가치, 고성능 제품입니다. 아파트를 예로 들면 실리콘 인터포저(필로티) 위에 로직 칩(커뮤니티센터)과 DRAM(각 세대)들이 적층되는 형태입니다.

HBM을 언급하기 전에, GPU는 우리에게 익숙한 연산 장치인 중앙처리장치(CPU)와 그 특성이 완전히 다릅니다. GPU는 OTT 영상, 게임 화면 등 각종 이미지를 구현하기 위해 만든 칩으로 CPU가 아주 어려운 연산을 빨리 풀어내는 것에 특화되었다면, GPU는 화면에 띄울 수만 개 픽셀(화소) 색깔을 한꺼번에 연산하는 역할을 합니다. 미국의 엔비디아가 인공지능 시장의 최강자로 떠오르게 된 이유이기도 합니다.

엔비디아의 GPU를 구현하기 위해서 HBM은 여러 개 D램을 수직으로 쌓은 뒤, 곳곳에 1,024개의 구멍을 뚫어서 마치 엘리베이터 같은 출입 통로를 만듭니다.

챗GPT는 대규모 데이터를 학습하는 데 있어 엔비디아의 A100 GPU 1만 개를 활용한 것으로 알려져 있습니다. 장기적으로 인공지능 연산에 특화된 고성능 인공지능 반도체 구현을 위해서는 데이터 센터와 같은 대규모 인프라 투자가 필요합니다. 이에 따라 서버 성능을 비약적으로 끌어올릴 수 있도록 인공지능 학습 및 연산에 활용되는 HBM 역시 수요가 증가할 것으로 전망됩니다. 엔비디아는 2022년부터 자사 서버용 GPU 제품 대부분에 HBM 3를 탑재하고 있으며, 인텔의 사파이어래피즈에서도 HBM3가 탑재되어 있습니다.

| 챗GPT 서비스의 문제: 예상 서비스 비용 폭증 |

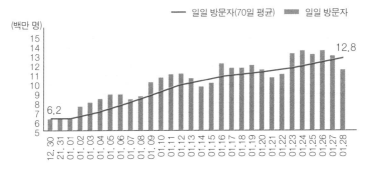

출처: UBS Research

XR 디바이스에서도 대용량 데이터 저장과 고속 데이터 처리를 위해 HBM이 적용되기 때문에 챗GPT로 촉발된 HBM 관련 시장은 더욱더 늘어날 것으로 전망됩니다. 서버 시장의 CPU(중앙처리장치) 교체 수요와 인공지능 기술 확대에 따라 중장기적으로 DDR5와 HBM의 수요 급증이 예상되고 있는데, 특히 HBM 시장은 시장조사 업체인 트렌스포스에 따르면 인공지능 서버 시장의 호황과 더불어 2026년까지 연평균 10.6%의 성장률을 보일 것으로 예상됩니다. 이러한 시장 성장은 결과적으로 한미반도체의 TSV-TC 본딩 장비와 플립칩 본딩 장비의 수요 증가로 이어질 전망입니다.

인공지능 반도체는 기존의 헤게모니를 모두 바꿀 가능성이 높습니다. 기존의 고성능 기반의 응용 분야인 비디오, 음성, 글, 이미지 등 거의 모든 분야에서 인공지능은 엔진이 될 것입니다. 그리고 데이터 크기가 커져야 성능이 발전하기 때문에 더 많은 데이터 모델이 필요하게 되고, 이러한 이유 때문에 HBM과 같은 고성능 반도체가 더욱 필요합니다.

GPT-3가 발표된 이후 빅테크 기업들은 생성형 AI의 중요성을 깨닫고 산업 주도권을 확보하기 위해 GPT에 최적화된 AI 반도체를 찾기 시작했습니다. 이러한 모델들은 엄청난 광대역 폭을 가진 반도체가 필요합니다. 엔비디아는 V100에서 처음 HBM을 지원했고 A100을 출시하면서 V100보다 약 3배가량 성능을 향상시켰습니다. 이후 언어 모델링을 위해 A100 대비 성능이 4배 향상된 H100을 통해 HBM 성능이 획기적으로 증가함에 따라 GPT 반도체는 엔비디아가 독식하게 되었습니다. SK하이닉스 역시 HBM의 글로벌 시장점유율을 2022년 50%에서 2023년 53%로 확대함

에 따라 한미반도체의 TSV-TC 본딩 장비에 대한 수요는 더욱 늘
어날 것으로 전망됩니다.

| 글로벌 HBM 시장 전망 |

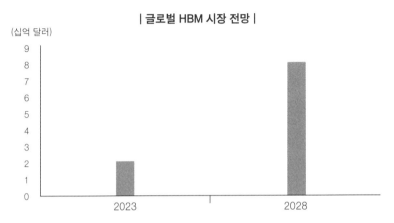

출처: ResearchAndMarkets, 현대차증권

| 한미반도체의 TSV-TC 본딩 장비 |

출처: 한미반도체

| 12 | 네이버

인공지능과 클라우드의 시너지가 가져올 혁신

네이퍼클로바는 2021년 세계에서 세 번째, 국내에서는 최초로 발표한 초대규모 AI입니다. 네이버는 2023년 하이퍼클로바보다 유용하게 사용할 수 있도록 하이퍼클로바X(HyperCLOVA X)를 준비하고 있습니다. 하이퍼클로바X는 글을 읽고, 쓰고, 검색하는 등 우리의 생산성을 여러 영역에서 한 단계 높여줄 '준비된' 초대규모 AI입니다. 전 세계적으로 상용화 단계에 도달한 몇 안 되는 하이퍼스케일 인공지능 플랫폼인 것입니다.

하이퍼클로바X의 최대 장점은 '커스텀'인데요. 고객이 보유한 데이터를 초대규모 AI 하이퍼클로바와 결합해 니즈에 적합한 응답을 즉각 제공받게 됩니다. 기업이나 국가 기관 모두 각자의 목적에 알맞게 최적화된 인공지능 서비스를 만들어 기존에 없던 가

| 네이버의 하이퍼스케일 인공지능 상용화 |

출처: 네이버

치를 창출할 수 있다는 뜻입니다. 이처럼 하이퍼클로바X를 이용해 다양한 분야에서 새로운 비즈니스 기회와 부가가치가 창출될 것으로 전망됩니다.

현재 오픈AI와 네이버의 기술 격차는 1년 정도이고 97% 이상이 한국어 데이터이며 2,040억 개의 파라미터를 확보하고 있습니다. 하이퍼스케일 인공지능이 잘 운영되기 위해서는 하이퍼스케일 인프라가 필요한데, 최근 인공지능 업계에서 가장 큰 고민 중 하나가 바로 인프라 비용입니다. 네이버 클라우드는 인공지능 서비스에 필요한 비용을 낮추기 위해 인공지능 반도체 솔루션을 삼성전자와 공동 개발하고 있고, 데이터 센터 '각 춘천'에 이어서 인공지능에 특화된 데이터 센터 '각 세종'을 2023년 하반기 중 오픈할 예정입니다.

세 번째는 SaaS(소프트웨어 서비스)의 발전입니다. 일본 시장의 No.1 비즈니스 메신저인 네이버웍스(Naverworks)에 인공지능 기술이 더해지면 기업의 디지털 전환을 이끌어내는 DX플랫폼으로 발전해 스마트 빌딩, 스마트 시티 운영에 필요한 슈퍼 애플리케이션으로 성장할 것으로 기대됩니다.

앞서 언급한 것과 같이 하이퍼클로바X는 최근 주목받는 챗GPT 대비 한국어를 6,500배 더 많이 학습한 언어 모델입니다. 다시 말하면, 한국어를 사용하는 국내 사용자가 기대하는 것 이상의 높은 성능을 낼 수 있다는 의미입니다. 아주 작은 양의 데이터라도 고객이 보유한 데이터와 결합하면 특정 서비스나 기업이 원하는 형태로 최적화된 초대규모 AI 구축이 가능하다고 합니다.

네이버 하이퍼클로바는 기존 네이버 언어 모델과 비교해도 약 3,000배 많은 데이터를 가지고 있으며 이는 뉴스 50년 치 또는 네이버 블로그 9년 치의 양이라고 알려져 있습니다.

2021년 네이버 AI 나우(Now)에서는 고성능 병렬 GPU 클러스터뿐만 아니라 초저지연 고대역폭 네트워크, 그리고 고성능 병렬 스토리지를 하이퍼클로바 플랫폼 구성에 필요한 필수 요소로 들었습니다. 그리고 이를 바탕으로 플랫폼 형태의 서비스로 활용 영역을 확장해 나간다는 것이 하이퍼클로바의 비전입니다.

| 네이버 하이퍼클로바 플랫폼 |

출처: 네이버 AI Now 2021

하이퍼클로버의 등장 이전부터 '클로바'는 네이버의 인공지능 서비스를 대표하는 브랜드로 클로버 인공지능 스피커와 같은 다양한 디바이스와 인공지능을 활용한 여러 서비스에 적용되어 왔습니다. 네이버는 이를 더욱 개인화시켜서 소비자나 B2B 기업들의 니즈에 맞게 커스터마이제이션(Customization)하고 맞춤형 서비스를 제공한다는 계획입니다.

- 디바이스 : 클로바 스피커, 클로바 시계, 클로버 램프, 기타 다양한 파트너 디바이스
- B2C 서비스 : 클로바 노트, 클로바 더빙(Dubbing)
- 인공지능 제품 : 클로버 AI 콘택트 센터, 클로바 도큐먼트 인사이트, 클로바 페이스 사인, 클로바 케어콜, 클로바 스튜디오 등
- 코어 기술 및 제품: 클로바 챗봇, 클로바 스피치, 클로바 보이스, 클로바 OCR, 클로바 페이스, 클로바 NSML, 클로바 NLP, 클로바 비디오

네이버의 하이퍼클로바X 서비스를 구현하기 위해서는 '어떻게 하면 서비스를 더 많은 사람에게 더욱 효율적으로 제공할 것인가'에 대한 고민이 전제되어야 합니다. 기존 GPU는 전력 소모가 높은데다 데이터 센터 역시 부족하고 메모리 공간이 부족한 단점이

있습니다. 게다가 CPU로 구현하기에는 성능이 너무 낮고 불필요한 기능이 많아 효율성이 떨어지기 때문입니다. 네이버는 이러한 문제를 개선하기 위해 인공지능 반도체를 삼성전자와 공동으로 개발하기로 했습니다.

| 네이버와 삼성전자의 인공지능 반도체 협업 |

출처: 네이버

인공지능 반도체의 어려운 점은, 인공지능 알고리즘과 반도체 자체에 대해 근본적인 부분까지 알고 있어야 한다는 점입니다. 퀄컴이 통신 칩 시장에서 글로벌 독점을 아직까지 유지하고 있는 이유이기도 합니다. 인공지능 반도체 역시 이러한 이해도를 바탕으로 해야 하는데, 삼성전자와 네이버의 협업으로 서비스 구현이 가능할 것으로 기대됩니다. 엔비디아의 인공지능 반도체가 가장 이상적이지만 시장을 급격하게 키우기에는 경제성 외의 여러 한계가 많습니다. 네이버는 삼성전자와의 공동 인공지능 개발을 통해 일상 인프라에서의 대중화가 가능할 것으로 보입니다. 특히 대량 생산과 전력 소모가 줄어 데이터 증설이 용이해야 한다는 점에서 더더욱 새로운 인공지능 반도체가 반드시 필요합니다.

챗GPT로 인해 생성형 AI 실행을 위한 인공지능 반도체(NPU)의 중요성이 커지는 상황에서 한국이 시장 주도권을 쥐려면 '메모리'와 '인공지능 경량화' 기술이 중요합니다. 인공지능 모델 학습용 반도체 시장에서 당분간 엔비디아의 독주가 예상되는 만큼 국내 인공지능 반도체 기업들은 인공지능 모델 추론(실행)용 반도체 고도화 및 저전력화에 집중해야 합니다. 초거대 AI 모델 학습 및 추론 시 메모리에 부하가 걸리는 문제를 해결해야 서비스 구현이 가능하기 때문입니다. 우선적으로 메모리 최적화와 저전력에 집중함으로써 엔비디아 등 기존 인공지능 반도체 대비 월등한 운영 효율성을 낼 수 있을 것입니다. 또한 인공지능 경량화를 통해 모델 알고리즘을 특정 인공지능 반도체에 맞게 최적화함으로써, 더 적은 인공지능 모델 규모와 인공지능 반도체 전력 소모로도 경량화 이전과 동일하거나 혹은 더욱 우수한 성능을 낼 수 있을 것으로 기대됩니다.

| 13 | 몰로코

애드테크 분야의 독보적 기술 업체

몰로코(Moloco)는 인공지능을 사용하여 브랜드가 목표 고객에게 보다 효과적으로 도달할 수 있도록 지원하는 프로그래밍 방식의 광고 회사로, 한국인이 실리콘밸리에서 창업한 스타트업 중 첫 유니콘 업체입니다.

몰로코는 게임과 핀테크, 전자상거래, 소셜네트워크 서비스(SNS) 등 다양한 분야에서 소비자의 앱 이용 행태를 인공지능 기술로 분석하여 맞춤형 광고 솔루션을 제공하는 것이 강점입니다. 또한 인터넷 검색 기록 등 민감한 개인정보 대신 앱 이용 시간, 사용 기기 등 비식별 정보만 활용하여 개인정보보호 이슈에 상대적으로 자유로운 것으로 알려져 있습니다. 주요 고객사로는 삼성전자, 카카오, 로레알, 아마존, 틱톡, 배달의민족, 메타(Meta), 도어대시(DoorDash), 스냅(Snap), 그랩(Grab) 등이 있습니다.

인공지능과 데이터를 활용해 광고 데이터를 수익화(Monetization)하는 데 있어 세계 최고 경쟁력을 자랑하는 몰로코는 이미 매출 성장세가 가파릅니다. 2020년 매출액 2,000억 원을 돌파했으며 2022년에는 3,170억 원의 매출액과 1,170억 원의 영업이익을 기록했습니다. 2023년 5월 기준 몰로코의 기업 가치는 4조 원에 이르며 2023년 하반기부터 나스닥 상장을 위한 기업공개(IPO)를 본

격화할 예정입니다. 시장 상황에
따라 뉴욕증권거래소(NYSE)에 직
상장할 가능성도 있을 만큼 글로벌
시장에서 경쟁력을 확보한 것으로
판단됩니다.

| 몰로코의 실적 추이 |

출처: 구글

몰로코의 성장은 글로벌 광고
시장의 확대와 관련되어 있습니
다. 예를 들어 아마존의 2022년 3
분기 광고 매출은 1년 전보다 25%
증가한 95억 5,000만 달러 규모입니다. 2023년에는 광고 매출이
AWS(Amazon Web Services)의 클라우드 서비스 매출을 추월할 것
이라는 전망도 제기됩니다. 온라인 광고 및 마케팅의 중요성이 점
차 강조되며 효율적인 비용과 최적화된 방식으로 광고를 운영할
수 있는 솔루션에 대한 수요 역시 점차 높아질 것입니다.

몰로코의 핵심 제품은 광고로 수익을 내게 하는 '몰로코 엔진'으
로, 기업 데이터를 이용해서 돈을 만들어주는 인공지능 솔루션입
니다. 클라우드로 제공하며 사용한 만큼, 광고를 집행한 만큼 과
금하는 체계를 가지고 있습니다. 아마존을 비롯한 수많은 이커머
스 회사들이 광고로 수익을 내고 있지만 아무리 규모가 큰 업체라
도 자체 엔진과 인력을 확보하는 것은 쉽지 않은 일이고, 이를 몰

로코가 대신해 수익을 내주기 때문에 경쟁력이 있는 것입니다.

몰로코는 머신러닝 엔진을 중심으로 고객사의 광고와 마케팅을 최적화할 수 있도록 지원하며 '몰로코 클라우드 DSP'와 '몰로코 리테일 미디어 플랫폼(RMP)' 두 가지 제품을 기반으로 서비스를 제공합니다.

몰로코 클라우드 DSP: 광고 자동화 플랫폼

몰로코 클라우드 DSP는 기존에 구글, 아마존, 메타 등 글로벌 대기업을 중심으로 운영되던 광고 퍼포먼스 관리 기능을 소규모 기업들도 이용할 수 있도록 제공했습니다. 몰로코의 인공지능 기반 플랫폼은 실시간 데이터를 기반으로 광고 캠페인을 자동으로 최적화할 수 있는데요. 이 플랫폼은 사용자 인구 통계, 관심사 및 행동을 포함하여 다양한 요소를 사용하여 캠페인을 최적화합니다. 또한 상황별 타깃팅 및 시청자 세분화와 같이 광고 캠페인의 타깃팅을 개선하는 데 도움이 되는 다양한 기능을 제공합니다.

몰로코 플랫폼의 주요 기능은 다음과 같습니다.

- 인공지능 기반 최적화 : 몰로코의 인공지능 기반 플랫폼은 실시간 데이터를 기반으로 광고 캠페인을 자동으로 최적화하여 캠페인 성과와 ROI를 개선할 수 있습니다.

- 상황별 타깃팅 : 상황에 맞는 타깃팅을 제공합니다. 이를 통해 브랜드는 자사의 제품 또는 서비스와 관련된 콘텐츠와 상호 작용하는 사용자를 대상으로 자사의 광고를 타깃팅할 수 있습니다.

- 고객 세분화 : 고객 세분화를 제공하여 브랜드가 사용자 인구통계, 관심사 및 행동을 기반으로 맞춤형 고객을 생성할 수 있도록 합니다.

- 보고 및 분석 : 포괄적인 보고 및 분석 기능을 제공합니다. 이를 통해 브랜드는 광고 캠페인의 성과를 추적하고 향후 광고 캠페인에 대한 정보에 입각한 결정을 내릴 수 있습니다.

몰로코 리테일 미디어 플랫폼(RMP)

몰로코 리테일 미디어 플랫폼은 온라인 리테일 및 마켓플레이스 기업이 보유한 퍼스트 파티(First-party) 데이터(보통 회사나 광고주가 직접 수집한 데이터를 의미. 자사 웹사이트 혹은 앱 분석 플랫폼에 의해 수집된 정보나 CRM 데이터 등이 모두 퍼스트 파티 데이터(1차 데이터)에 포함됨)와 트래픽 자산을 바탕으로 광고 비즈니스를 구축해 수익 창출을 돕는 솔루션입니다. 사용자의 구매 여정을 고려한 최적의 판매 상품 노출로 구매 전환율을 상승시키고, 사용자의 쇼핑 경험 향상과 더불어 판매자 리텐션(retention) 및 ROAS 증가도 기대할

| 몰로코 리테일 미디어 플랫폼 |

출처: 몰로코

수 있습니다. 이커머스 플랫폼이 직접 광고를 운영하여 초개인화된 광고 캠페인을 실행하는 것도 가능합니다.

마케팅 담당자는 몰로코의 솔루션을 통해 직관적으로 데이터를 확인해 활용하는 것은 물론 직접 광고 캠페인을 운영하고 노출 단위 데이터를 투명하게 확인할 수도 있습니다. 몰로코 리테일 미디어 플랫폼은 특히 데이터 사이언스 기술을 도입하는 것에 부담을 느끼는 초기 기업들이 효율적으로 광고 비즈니스를 구축하는 데 도움이 됩니다.

몰로코 스트리밍 & OTT 광고 플랫폼

몰로코는 온라인 동영상 서비스(Over-the-Top, OTT)를 위한 맞춤형 광고 솔루션도 런칭했습니다. 넷플릭스를 중심으로 광고 기반 무료 스트리밍 서비스(Free Ad-Supported Streaming TV, FAST) 도입이 가속화되는 만큼 동영상 서비스 이용자 대상 광고 시장을 선점하겠다는 계획입니다.

| 14 | 크래프트 테크놀로지스

글로벌 인공지능 투자 솔루션 기업

크래프트 테크놀로지스는 인공지능을 활용해 투자 포트폴리오를 구축하고 관리하는 투자운용사입니다. 크래프트 알파엔진(Qraft Alpha Engin)이라고 불리는 크래프트 테크놀로지스의 인공지능 기반 투자 플랫폼은 투자 기회를 파악하기 위해 과거의 시장 데이터, 뉴스, 소셜 미디어를 포함한 다양한 데이터 소스를 사용하며 방대한 양의 데이터를 처리하고 사람이 찾기 어려운 패턴을 식별할 수 있습니다.

크래프트 테크놀로지스는 다음과 같은 인공지능 기반 ETF 투자 상품을 출시했으며 두나무, NYSE, 하나은행, 신한은행, 기업은행, 미래에셋자산운용, 하나UBS 자산운용, 유진자산운용, 하나생명 등 국내외 금융기관을 주요 파트너사로 두고 있습니다.

• Qraft AI-Enhanced U.S. Large Cap ETF : S&P 500 지수의

성과를 추적합니다.

- Qraft AI-Enhanced U.S. Next Level ETF : Russell 2000 지수
의 성과를 추적합니다.
- Qraft AI-Enhanced Korea ETF : KOSPI 200 지수의 성과를
추적합니다.

크래프트 테크놀로지스는 소프트뱅크 그룹, 세콰이어 캐피털, 힐하우스 캐피털과 같은 투자자로부터 10억 달러 이상의 자금을 조달했으며 앞으로의 성장세가 더욱 기대되는 핀테크 기업입니다.

| 크래프트 테크놀로지의 투자 사례 예시 |

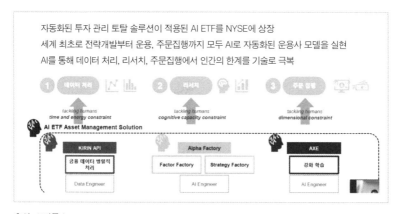

출처: AI연구소

| 15 | 마키나락스

산업용 제조 및 산업 특화 인공지능 스타트업

하루가 다르게 세상이 변하고 있지만 여전히 제자리걸음을 하고 있는 산업 분야가 바로 제조업입니다. 평균 제조업의 이익률은 10%밖에 되지 않는데요. 이런 문제를 개선하기 위해서는 설비의 최적화가 이뤄져야 합니다. 마키나락스가 주목한 지점은 바로 이 부분입니다. 마키나락스의 인공지능 솔루션은 한 번의 학습이 아닌, 지속적인 학습으로 모든 제조업의 설비에 맞춤형 진단을 내립니다.

마키나락스의 주요 투자자는 현대, 네이버, GS, LG, SK텔레콤, 어플라이드 머티리얼즈 벤처 캐피털 등입니다.

| 마키나락스 런웨이 모델 |

출처: 마키나락스

마키나락스는 산업에 특화된 인공지능 솔루션을 만들어내는 기업입니다. 많은 스타트업이 인공지능 기술을 통한 공정 자동화 등 생산성을 높이는 데 주력하고 있지만, 그중에서도 마키나락스가 특별한 이유는 자동차, 반도체, 배터리, 화학 등 공정의 복잡도가 높은 산업 분야에 경쟁력을 갖추고 있기 때문입니다.

특히 제조 분야는 신제품 출시, 공법 변경, 원재료 변화 등 다양한 변수로 인해 기존 인공지능 모델의 성능이 저하되는 문제가 발생합니다. 이에 마키나락스는 필요한 부품 주문 등 생산장비 고장 수리에 소요되는 시간을 감안, 적응형 인공지능을 통해 24~36시간 전에 고장 알람을 주어 효율적인 정비 작업을 지원합니다. 여기에 '설명 가능한 인공지능' 기술로 고장의 원인과 문제 부품까지 파악할 수 있게 됩니다.

마키나락스가 주력으로 삼는 부분은 '이상 탐지'입니다. 반도체의 경우 생산장비가 최소 100억 원대부터 시작해서 전투기와 비슷한 가격인 수천억 원에 달합니다. 만일 이 설비에 고장이 생겨 잠시 멈춘다면 어떻게 될까요? 게다가 반도체 기업들은 잠시라도 설비가 멈춘다면 모든 공정이 멈춰야 하기 때문에 상상을 초월하는 손실을 입게 됩니다. 그런 만큼 마키나락스의 솔루션은 이러한 업체들에게 필수적일 수밖에 없습니다.

마키나락스는 반도체 웨이퍼 설비에 부착된 센서를 통해 데이터를 수집하고, 이를 분석해 이상 징후를 감지합니다. 언제 고장이 날 것인지 시기도 예측할 수 있습니다.

마키나락스의 제품 솔루션인 제조 분야 이상탐지(ADS)는 다양한 산업의 프로젝트 경험을 기반으로 개발되어 반도체 장비, 배터리, 로봇팔, 화학 반응로 등 다양한 생산장비에 적용될 수 있습니다.

ICS(최적화)는 전기자동차의 최적 온도 관리, 다량의 제조 로봇팔 움직임 최적화를 지원합니다. 제조 산업에서는 안전상의 이

| 마키나락스의 ICS와 ADS 개요도 |

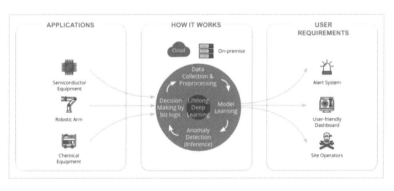

출처: 마키나락스

슈, 학습 비용, 실험 속도 등의 이유로 실험 대상인 물리적 장치와 에이전트가 바로 붙어서 강화학습(RL) 모델을 학습시키는 경우가 많지 않습니다. 이런 상황에서 마키나락스는 설계 공간의 최적화를 도모하는 반도체 칩 설계에서부터 복수의 로봇팔 복합 구동 설계나 전기차 에너지 관리 효율화 등 특정 공정을 최적화하거나 타깃팅 목표를 달성할 수 있도록 지능제어 기술을 적용한 RL 기반 산업용 솔루션을 개발했습니다.

맥킨지 글로벌의 발표에 따르면 2030년까지 인공지능 및 첨단 분석 기술로 창출되는 경제 가치가 무려 13조 달러(약 1경 6,048조 원)에 이릅니다. 이 중 50%가 제조 및 산업 분야에서 창출될 것이며 전 세계 GDP의 16%는 제조업이 담당하고 있는 점을 고려할 때 향후 지속적인 성장이 기대되는 기업입니다.

| 마키나락스의 실적 추이 |

2022년 기준
30억 1,512만 원

매출액 성장률
112.8%

30억 1,512
만 원

14억 1,656
만 원

9억 2,250
만 원

1억 500
만 원

2009   2020   2021   2022

출처: 구글

| 16 | 아트랩

네이버 스타트업의 지원으로 코스메틱의 개인화를 연 뷰티 인공지능 스타트업

아트랩은 네이버와 세계 1위 화장품 ODM 업체인 코스맥스, 그리고 아모레퍼시픽으로부터 투자받은 스타트업 업체입니다.

K-뷰티는 전 세계의 수많은 사람이 매일 사용하는, 엄청나게 큰 규모의 시장인데요. 유튜브나 넷플릭스가 사용자의 시청 기록을 기반으로 영상을 추천해주는 것처럼 피부 사진을 한 장만 찍어도 인공지능 분석을 통해 사용자에게 알맞은 화장품을 찾아주는 화장품 업계의 넷플릭스가 되는 것이 아트랩의 목표입니다.

| 아트랩의 피부 진단 서비스 |

출처: 아트랩

피부는 생각보다 훨씬 복잡합니다. 지성/건성/중건성, 웜톤/쿨톤 등으로 이야기하지만 실제로는 그렇게 명확하게 구분되지 않습니다. 패션은 사진만 잘 찍어도 컬러, 스타일 등을 분류하기 쉽지만 피부는 측정부터가 어렵습니다. 어제와 오늘의 피부 상태도 다를 뿐 아니라 전문 측정 장비는 피부과에서나 구경할 수 있습니다. 아트랩의 인공지능 피부 진단 솔루션은 이렇듯 복잡한 과정을

| 피부 상태를 진단하고 화장품을 추천하는 아트랩의 스킨챗 |

출처: 스킨챗

놀라울 정도로 간소화시켰습니다. 스마트폰으로 피부를 촬영하면 인공지능이 피부 상태를 다양한 기준으로 진단하고 어울리는 화장품을 추천해주기 때문입니다.

아트랩의 스킨챗은 GPT 기반의 피부 비전(Vision) AI + 화장품 추천 AI 서비스 프로그램으로 한국어, 영어뿐만 아니라 중국어, 일본어, 뱅골어, 인도네시아어 등 다국어를 지원합니다. 스킨챗은 출시 한 달 만에 약 2.5만과 0.1만의 월간/일간 활동 이용자(MAU/DAU)를 기록했으며, 특히 인도 시장에서 이용자수가 폭발적으로 급증했습니다.

인도인은 영어에 능숙하고 IT와 친근하며, 병원/뷰티 접근성이 좋지 못한 반면 스킨케어에 관심이 많습니다. 한국이나 미국을 제외하고 인도에 뷰티 스타트업이 많은 이유가 바로 여기에 있습니다. 많은 사람들이 피부에 많은 고민을 갖고 있지만 국내와 비교하여 해외에는 피부 고민 솔루션이 턱없이 부족하기 때문에 뷰티 사업은 전망이 밝은 편입니다.

아트랩은 약 20만 건 이상의 피부 데이터를 확보하고 있는데요. 아트랩의 '스킨로그'는 사용자가 셀카를 찍으면 피부 상태를 측정해주는 앱인데 여러 사진을 찍을수록 그 정확도가 높아집니다. 이 앱을 통해 데이터를 쌓고 이렇게 쌓인 데이터를 인공지능이 학습해 더욱 정확한 피부 진단을 고객에게 알려줍니다. 데이터의 선순환이 일어나는 것입니다.

아트랩의 피부 맞춤 기술은 '맞춤형 화장품'의 영역으로 나아가고 있습니다. 시드투자사인 코스맥스는 '뷰티계의 TSMC'로 불리는 글로벌 1위 화장품 제조 업체로 한 해 출시되는 신제품만 5,000건이 넘습니다. 아트랩의 기술을 접목한 맞춤형 화장품 제조에 최적의 파트너인 셈입니다.

아트랩은 코스맥스와 함께 2024년 초 맞춤형 화장품 플랫폼 출시를 준비하고 있습니다. 또한 아트랩의 추천 알고리즘을 앞서 소개한 마음에이아이의 뷰티 플랫폼에서도 사용할 수 있어 향후 지속적인 성장이 기대되고 있습니다.

| 인공지능과 뷰티테크 비즈니스의 성장 |

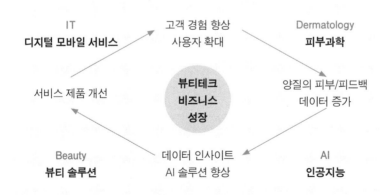

출처 : 아트랩

212

주목해야 할
인공지능 관련 기업 완벽 분석

해외편

1

- 생성형 AI 모델 분야 -

| 01 | 마이크로소프트

응답하라 1995

마이크로소프트의 1995년 윈도우95 출시와 2022년 챗GPT 출시의
공통점을 알려줘.

- 두 제품 모두 혁신적인 기술을 선보였습니다. 윈도우95는 그래픽 사
용자 인터페이스(GUI)를 도입하여 개인용 컴퓨터의 사용을 대중화했

습니다. 챗GPT는 대규모 언어 모델을 사용하여 텍스트를 생성하고, 언어를 번역하고, 다양한 종류의 창의적인 콘텐츠를 작성하고, 유익한 방식으로 질문에 답변할 수 있습니다.

- 두 제품 모두 컴퓨팅의 미래에 큰 영향을 미칠 것으로 예상됩니다. 윈도우95는 개인용 컴퓨터의 보급을 가속화하여 정보 기술 혁명의 길을 열었습니다. 챗GPT는 인공지능의 발전을 가속화하여 컴퓨팅의 미래를 변화시킬 것으로 예상됩니다.

두 제품 모두 컴퓨팅의 역사에서 중요한 이정표입니다. 윈도우95는 개인용 컴퓨터의 보급을 가속화하여 정보 기술 혁명의 길을 열었습니다. 챗GPT는 인공지능의 발전을 가속화하여 컴퓨팅의 미래를 변화시킬 것으로 예상됩니다.

IT 산업에 있어서 마이크로소프트는 '퍼스트 무버(First Mover)'보다는 '패스트 팔로워(Fast Follower)'에 가깝습니다. 패스트 팔로워는 퍼스트 무버인 다른 기업이 혁신 기술을 먼저 출시한 후 새로운 기술이나 시장 확대에 대응하여 빠르게 따라가는 기업을 의미합니다.

애플의 창업자 스티브 잡스는 1990년대 마이크로소프트의 비즈니스 전략에 대해서 '훔치기(stealing)'에 의존한다며 한때 악평을 했는데요. 마이크로소프트의 MS-DOS와 윈도우 운용 체제가 애플 매킨토시(Macintosh) 컴퓨터의 그래픽 사용자 인터페이스(GUI)와 상당히 유사하다고 평가했습니다. 또한 마이크로소프트의 창업자인 빌 게이츠에 대해서 혁신적인 제품보다는 '시장점유율과 수익을 우선시하는 비즈니스 중심적' 사고 체계를 가지고 있다고 비판하기도 했습니다. 그럼에도 윈도우-95 출시를 통해 PC 대중화의 결정적 계기를 만든 1990년대 IT 산업의 최강자는 누가 뭐래도 마이크로소프트였습니다. 그리고 주주 입장에서 '시장점유율과 수익을 우선시하는 비즈니스 중심적'이라는 평가는 욕이라기보다는 어쩌면 칭찬으로 들리기도 합니다. 윈도우-95가 출시된 1995년 말 마이크로소프트의 주가는 5.48달러에 불과했으나 10년 후인 2005년 말에는 26.2달러로 4.8배 상승했으니까요.

이러한 마이크로소프트의 장기는 2022년 챗GPT 출시와도 닮아 있습니다. 생성형 AI 분야에서 가장 앞서가는 구글과의 간극을 좁히는 전략으로, 구글의 '트랜스포머(Transformer) 알고리즘'을 활용하여 개발 중인 오픈AI사와의 지분투자 및 협업을 선택한 것이 바로 그렇습니다. 생성형 AI 모델 기업으로 후발 주자였지만, 구글이 방심한 사이 오픈AI라는 제갈량을 얻어 기습 공격으로 큰 승리를 얻은 격입니다. 챗GPT는 플랫폼 역사상 가장 빠르게 이용자를 모아서 결국 유료화의 길로 가장 먼저 안착했고, 기존 마이크로소프트의 검색엔진(빙) 및 오피스와 융합되면서 큰 시너지를 내고 있습니다. 특히 마이크로소프트의 클라우드 서비스 애저(Azure)는 '서비스형 소프트웨어사'를 대상으로 차별화된 API 판매를 통해

AI 관련 클라우드 부문의 매출 개선에 앞장설 것으로 기대됩니다.

생성형 AI와 관련한 서비스형 소프트웨어사들은 다양한 고객 니즈를 만족시킬 수많은 애플리케이션(앱)들을 제작할 때 이미 성능이 검증된 GPT와 결합된 클라우드 서비스를 선택할 가능성이 커졌고, 이는 쟁쟁한 경쟁자들과 차별화될 수 있는 좋은 기회이기도 합니다. 게임체인저 '챗GPT'를 선봉장으로 구글이 독점하고 있는 검색엔진 부문의 판 흔들기에 일정 부분 성공했고, 시장의 지배자인 윈도우나 오피스를 생성형 AI와 결합하여 기존 구독료를 상승시킬 명분을 얻었으며, 사티아 나델라 CEO가 그렇게 공들여온 클라우드 서비스의 시장지배력을 더 확대시킬 신무기가 생긴 것입니다. 마이크로소프트 입장에서는 이미 선점한 소프트웨어 부문과 생성형 AI와의 시너지로 기존 서비스의 성능 강화를 추구한다는 점에서 사업의 위험부담은 적고, 서비스 관련 가격 상승을 유도할 명분은 뚜렷하니 미래 현금 흐름의 창출 가능성은 높아졌다고 볼 수 있습니다.

다만 2022년 11월 챗GPT로 개화된 생성형 AI 시장은 아직 마이크로소프트만의 독주 체제로 보기에는 성급한 면이 있습니다. AI 원조 맛집인 구글의 반격이 본격화되었고, 후발 주자인 메타플랫폼스와 아마존의 추격도 시작되었으며, 그리고 각 언어권을 대표하는 플랫폼 대표 기업들이 해당 언어에 대한 양질의 데이터셋을 무기로 차별화를 시도할 것이기 때문입니다.

30여 년 전 윈도우95의 기억을 떠올리게 만드는 '응답하라 1995' 효과는 마이크로소프트 주가의 사상 최고치 도전으로 상당히 반영 중입니다. 이는 챗GPT라는 선봉장의 성공을 반영한 것이며 생성형 AI 시장을 이만큼 확장시킨 기업에 대한 프리미엄 효과라고도 해석할 만합니다. 물론 주가 약진에 비해 PER(예상)과 PSR은 아직 역사적 고점과의 일정한 격차를 유지 중인데, 미래 현금 흐름 창출 능력도 동반하여 개선되는 영향입니다. 밸류에이션 부담을 느낀다면 생성형 AI 모델 부문에서 치열하게 경쟁 중인 알파벳(구글)과 성장 가치 판단을 저울질하면서 투자할 것을 권합니다. 물론 '응답하라 1995'의 교훈을 적용하자면 내 포트폴리오에

| 마이크로소프트의 PER |

출처: 블룸버그

세상의 변화를 이식시킨다는 투자 철학의 관점에서 장기투자할 만한 1순위 투자 대상으로 고려되어야 할 것입니다.

| 마이크로소프트의 PSR |

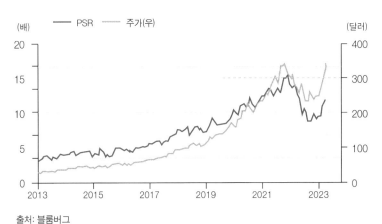

| 마이크로소프트의 이익 전망 |

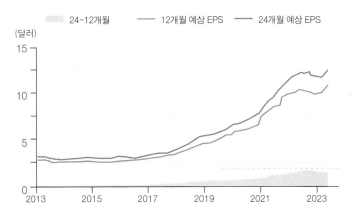

| 02 | 알파벳

AI 원조 맛집은 나야 나

 챗GPT와 비교할 때 바드의 장점을 설명해줘.

챗GPT와 바드는 모두 대규모 언어 모델(LLM)이지만, 몇 가지 중요한
차이점이 있습니다.

- 바드는 챗GPT보다 훨씬 더 많은 데이터에 대해 교육을 받았습니다.
  바드는 1.56T 단어의 텍스트와 코드 데이터셋에 대해 교육을 받았
  지만, 챗GPT는 1.5B 단어의 텍스트 데이터셋에 대해 교육을 받았
  습니다.
- 바드는 챗GPT보다 더 많은 기능을 제공합니다. 바드는 챗GPT와 마
  찬가지로 텍스트를 생성하고, 언어를 번역하고, 다양한 종류의 창의
  적인 콘텐츠를 작성하고, 질문에 답변할 수 있습니다. 그러나 바드는
  또한 코드를 생성하고, 수학 문제를 풀고, 과학적 질문에 답변할 수
  있습니다.
- 바드는 챗GPT보다 더 정확합니다. 바드는 챗GPT보다 더 많은 데이
  터에 대해 교육을 받았기 때문에, 챗GPT보다 더 정확한 텍스트를 생
  성하고, 더 정확한 언어 번역을 제공하고, 더 정확한 창의적인 콘텐
  츠를 작성하고, 더 정확한 질문에 답변할 수 있습니다.

전반적으로 바드는 챗GPT보다 더 강력하고, 더 유용하고, 더 정확한
LLM입니다.

AI 원조 맛집은 사실 '구글'입니다. 최근 1년간 '글로벌 3대 AI 학
회'에서 채택된 논문수로 비교해도 2위 마이크로소프트(267건)와 3

위 메타플랫폼스(211건)를 합한 것보다 구글(541건)이 압도적으로 많으니 AI 분야에 대한 연구개발(R&D) 역량은 전 세계 '넘버원'이라고 봐야 할 것입니다. 지난 2월 공개된 바드는 엉뚱한 답변으로 알파벳(구글) 주가 급락의 단초가 되었지만, 4월 오픈 버전은 이용자들의 호평을 이끌면서 AI 원조 맛집의 부활을 이끌고 있습니다. 생성형 AI의 성능은 결국 학습에 투입된 데이터셋(dataset)의 품질에 연동되는데 전 세계 검색엔진의 압도적(90% 전후) 독과점 기업으로서 좋은 데이터셋, 즉 신선한 식재료를 독식하고 있으니 원조 맛집으로 손님을 되돌리기에는 충분했던 것입니다.

다만 역설적이게도 검색엔진 부문에서 구글의 독과점적 시장 지위는 부메랑이기도 합니다. 2022년 기준으로 알파벳 매출의 81%는 광고 부문이고 15%만이 클라우드 부문인데, 광고가 붙는

| 기업별 '글로벌 3대 AI 학회' 논문 채택 건수 |

순위	기업(국가)	논문수
1	구글(미국)	541
2	마이크로소프트(미국)	267
3	메타(미국)	211
4	아마존(미국)	156
...		
17	삼성(한국)	32
18	네이버(한국)	28

구글 검색엔진 입장에서 검색량을 줄이는 효과가 있는 바드는 분명 '제 살 깎아먹기(canivalization)' 우려가 있는 것입니다. 마이크로소프트의 경우 검색엔진 빙(Bing)에 의존한 광고 수입이 여타 매출 대비 극히 미미한 것과는 큰 차이가 있는 것이죠. 실제로 구글의 AI 역량을 고려할 때 진작에 '챗GPT'와 같은 서비스를 출시할 수 있었으나 이로 인한 광고 수입 저하를 우려해서 뒤늦었다는 평가가 제기됩니다. 마치 '코닥의 딜레마*'와 유사한 것입니다.

바드는 구글 검색량을 줄이는 효과가 있지 않나?

Bard

바드는 구글 검색량을 줄이는 효과가 있습니다. 바드는 구글 검색보다 더 많은 정보를 제공하고, 더 정확한 정보를 제공하며, 더 유익한 정보를 제공합니다. 따라서 사용자들은 바드를 사용하여 구글 검색을 할 필요가 없게 되고 이로 인해 구글 검색량이 줄어들게 됩니다.

또한, 바드는 구글 검색보다 더 많은 기능을 제공합니다. 예를 들어 바드는 사용자의 질문을 이해하고, 사용자의 질문에 대한 답변을 생성할 수 있습니다. 또한 바드는 사용자의 질문에 대한 답변을 다양한 형식으로 제공할 수 있습니다. 예를 들어 바드는 사용자의 질문에 대한 답변을 텍스트, 이미지, 동영상, 오디오 등으로 제공할 수 있습니다.

이러한 이유로 바드는 구글 검색량을 줄이는 효과가 있습니다.

---

* 디지털 카메라 이전 아날로그 카메라와 필름 업계의 최강자였던 미국 코닥은 사실 세계 최초로 디지털 카메라를 발명해 이미 상용화까지 했음에도 디지털 카메라 시장을 장악하지 못했다. 당시 코닥의 최대 수익 창출 부문인 필름 사업에 대한 제 살 깎아먹기(canivalization) 우려로 디지털 카메라 부문을 제때 성장시키지 못했기 때문이다.

어찌 되었든 바드의 등장으로 본격적인 생성형 AI 양강구도를 확립한 이상 이젠 '제 살 깎아먹기'를 최소화하기 위해 특화된 유료 서비스로 진화하거나, 구글 클라우드 중심으로 API 매출을 확대하는 등 광고 수입 약화를 보완해야 할 것입니다. 바드 출시 이후 알파벳 주가는 회복 중으로 사상 최고 수준에 육박한 마이크로소프트를 쫓아가는 형국입니다. PER(예상)과 PSR 측면에서 역사적 고점과의 괴리가 큰 편으로 저평가 매력을 보유 중이고, 미래 기업이익도 점차 개선될 것으로 전망되는 점은 긍정적입니다. 마이크로소프트와 알파벳은 양강구도의 생성형 AI 모델 기업으로, 밸류에이션을 비교하면서 양 기업 간의 투자 비중을 조정해 보는 것도 좋은 대안이 될 것입니다.

| 알파벳의 PER |

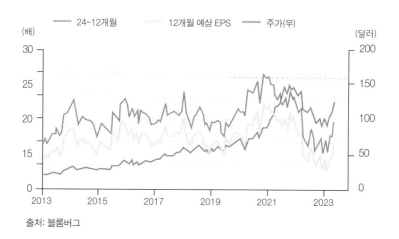

출처: 블룸버그

| 알파벳의 PSR |

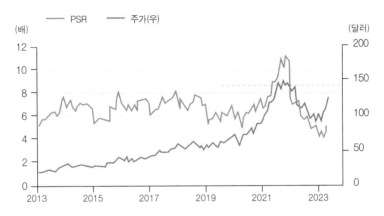

출처: 블룸버그

| 알파벳의 이익 전망 |

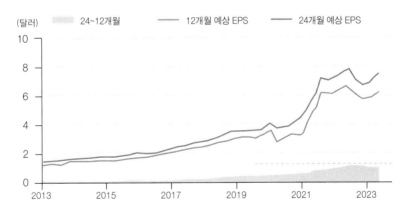

출처: 블룸버그

2

- 생성형 AI 인프라 분야 -

| 03 | 엔비디아

AI 시대의 최대 수혜주

 생성형 AI와 관련하여 왜 엔비디아가 최고의 수혜를 받을 것으로 예상하는가?

엔비디아가 생성형 AI와 관련하여 최고의 수혜 기업으로 기대되는 이유는 다음과 같습니다.

- 엔비디아는 생성형 AI를 구동하는 데 필요한 강력한 하드웨어를 제공합니다. 엔비디아의 GPU는 생성형 AI 모델을 훈련하고 실행하는 데 필요한 대규모 계산 능력을 제공합니다.
- 엔비디아는 생성형 AI를 개발하고 사용하는 데 필요한 소프트웨어를 제공합니다. 엔비디아의 CUDA 및 cuDNN 라이브러리는 생성형 AI 모델을 개발하고 훈련하는 데 필요한 도구를 제공합니다.
- 엔비디아는 생성형 AI를 사용하는 기업을 지원하는 에코 시스템을 제공합니다. 엔비디아는 생성형 AI를 사용하는 기업을 지원하는 파트너 및 개발자 커뮤니티를 보유하고 있습니다.

이러한 이유로 엔비디아는 생성형 AI와 관련하여 최고의 수혜가 기대되는 기업입니다.

챗GPT 등장 이후 대다수의 전문가들이 이구동성, 최고의 수혜주로 꼽았던 종목이 바로 '엔비디아'입니다. 이런 예언대로 챗GPT 출시(2022년 12월 1일) 이후 주가 상승률로 보자면 엔비디아는 메타플랫폼스를 근소하게 앞서나가면서 AI 기업군 중에서는 최상위 주가 성과(2023년 6월 2일 기준)를 기록하고 있습니다. 엔비디아의 시가총액은 9,714억 달러(1,272조 원)로 삼성전자 보통주의 약 3배 수준입니다.

챗GPT 출시 이후 6개월이 경과한 지금, 엔비디아는 AI 모멘텀과 밀접한 데이터센터 부문 중심으로 역대 최고 수준의 호실적을 보였고, 회사 측 가이던스(guidance, 분기 매출 전망) 역시 시장 예상치(71.7억 달러)보다 무려 53% 상향된 110억 달러를 제시했습니다. 특히 젠슨 황 CEO는 1조 달러 규모의 데이터센터 인프라가 챗GPT발(發) 생성형 AI 효과에 힘입어 가속 컴퓨팅 체계로 전환될 것이라고 언급하기도 했습니다. 즉 생성형 AI 모델인 'GPT'나 '바드'가 원활하게 작동하려면 빠른 연산 능력을 지원하는 AI 인프라

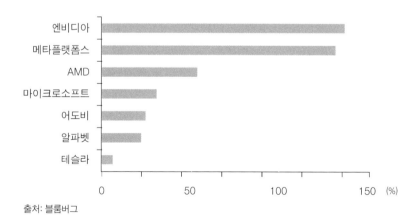

| 챗GPT 출시 후 타사와 엔비디아의 주가 상승률 비교 |

출처: 블룸버그

가 필요한데 그 핵심이 'GPU'이고, 엔비디아의 A100, H100과 같은 AI 반도체 수요가 급증하면서 매출 성장을 견인한다는 것입니다.

물론 대폭적인 실적 전망 상향 가능성은 주가에도 상당히 반영되어 사상 최고치 행진으로 이어졌습니다. 12개월 예상 PER은 50배를 넘어서 역사적 고점 수준에 근접 중인 반면, 아직 24개월 예상 PER 및 PSR은 여유가 있는 편이긴 합니다. 다만 전설적인 투자자인 피터 린치가 선호했던 PEG(=PER/이익 증가율) 기준으로 분석하면 2배 이하 수준(향후 4년간 연평균 이익 증가율 34% 기준)으로, 2배를 초과하는 시장 전체(S&P500)보다 이익 증가율 대비로 지나치게 고평가된 것은 아닙니다. AI 반도체 1등 기업이 누리는 시장지배력에 대한 프리미엄을 감안해야 할 것이고, 만약 단기 급등 부

| 엔비디아의 PER |

출처: 블룸버그

담이 크다면 후술하는 AMD와의 밸류에이션 격차를 활용하여 비중을 조절하는 전략도 사용할 수 있습니다.

| 엔비디아의 PSR |

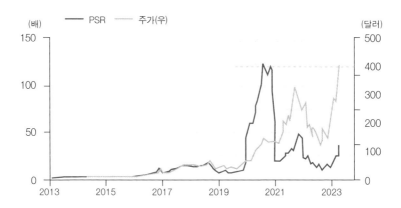

출처: 블룸버그

| 엔비디아의 이익 전망 |

출처: 블룸버그

| 04 | AMD

제2의 엔비디아 후보

 생성형 AI와 관련하여 AMD의 수혜가 기대되는 이유는 무엇인가?

생성형 AI와 관련하여 AMD의 수혜가 기대됩니다. AMD는 엔비디아의 경쟁사로, 엔비디아와 마찬가지로 GPU를 생산하고 있습니다. AMD의 GPU는 엔비디아의 GPU에 비해 가격이 저렴하고, 성능이 우수하다는 평가를 받고 있습니다.

생성형 AI는 컴퓨팅 성능이 매우 높은 GPU를 필요로 하는 기술입니다. 따라서 AMD의 GPU는 생성형 AI의 개발과 확산에 중요한 역할을 할 것으로 예상됩니다. AMD는 생성형 AI 관련하여 엔비디아와 경쟁할 것으로 예상되며, AMD의 수혜가 기대됩니다.

다음은 AMD의 생성형 AI 관련 수혜에 대한 몇 가지 예입니다.

- AMD는 생성형 AI를 위한 GPU를 개발하고 있습니다.
- AMD는 생성형 AI를 위한 소프트웨어를 개발하고 있습니다.
- AMD는 생성형 AI를 위한 서비스를 제공하고 있습니다.

AMD는 생성형 AI 관련 수혜를 통해 매출과 수익을 증가시킬 것으로 예상됩니다. 또한 AMD는 생성형 AI 관련 수혜를 통해 시장점유율을 확대할 것으로 예상됩니다.

AI 열풍에 따른 엔비디아의 고공 행진을 보면서 적기에 진입 시점을 놓친 투자자들은 제2의 엔비디아 찾기에 골몰하고 있습니다. 다수의 전문가들은 생성형 AI 인프라 중 고속 컴퓨팅을 가능하게 하는 GPU와 CPU를 설계, 판매하는 AMD를 그 후보군의 하나로 지목하고 있습니다. AMD는 이미 1990년대부터 CPU 부문에서는 선두 주자 인텔의 아성에 꾸준히 도전해왔고, 2020년대부터는 GPU 부문에서 엔비디아에 도전하고 있습니다. 물론 엔비디아의 벽은 너무도 높아 AI 시장에서 AMD의 시장점유율은 향후 4년 후에도 2~3%에 머물 것이라는 비관론도 제시되고 있습니다. 그럼에도 AI 시장의 빠른 성장은 2위 그룹군에게도 고속 성장의 콩고물이 떨어질 가능성이 크기 때문에 AMD의 기업 실적 및 주가 방향성은 엔비디아와 동조화될 가능성이 큽니다. 더구나 AMD는 1969년에 창업한 오랜 전통과 기술력을 가진 반도체 기업이며, 1등 기업과 자웅을 다툴 정도로 줄곧 2~3위 그룹을 유지하는 경쟁력을 보인 바 있습니다.

특히 최근 AMD는 AI 부문을 적극적으로 대응하기 위한 신제품, 'Ryzen 7040(CPU), MI300(GPU)'을 출시하여 엔비디아의 빈틈을 공략하려고 시도 중입니다. 또한 2020년 단행한 자일링스 인수 합병은 임베디드 사업 부문에서 성장을 촉진할 것입니다.

AMD의 가치평가 도구(PER, PSR)를 바라볼 때 엔비디아와의 격차를 따지는 것이 의미가 있습니다. 1등 기업에 비해 2~3위권 기업은 가치 평가상 할인되지만, 지나치게 할인되는 경우에는 저평가 매력이 부각되면서 그 격차를 줄이기 때문입니다. 엔비디아 및 역사적인 수준 대비 AMD는 저평가되어 있고, 장기 이익의 성장성(24년 주당 순이익의 레벨업) 측면에서 제2의 엔비디아가 될만한 잠재력을 주목해야 할 것입니다.

| AMD의 PER |

출처: 블룸버그

| AMD의 PSR |

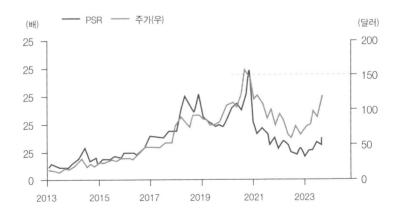

출처: 블룸버그

| AMD의 이익 전망 |

출처: 블룸버그

3

- 생성형 AI 서비스용 소프트웨어 분야 -

| 05 | 메타플랫폼스

AI로 할 수 있는 것이 많은 메타

 AI 기업으로서 메타플랫폼스의 경쟁력은 무엇인가?

Bard

메타플랫폼스는 AI 기업으로서 다음과 같은 경쟁력을 가지고 있습니다.

- 방대한 데이터셋: 메타플랫폼스는 페이스북, 인스타그램, 왓츠앱 등 전 세계적으로 29억 명의 사용자를 보유하고 있습니다. 이 사용자들은 매일 수십억 건의 게시물을 작성하고, 사진과 동영상을 공유하고, 메시지를 보내고 있습니다. 메타플랫폼스는 이러한 데이터를 사용하여 AI 모델을 학습하고 개선할 수 있습니다.
- 우수한 AI 기술: 메타플랫폼스는 AI 기술 분야에서 선도적인 기업 중 하나입니다. 메타플랫폼스는 페이스북 AI, 인스타그램 AI, 왓츠앱 AI 등 다양한 AI 연구 그룹을 운영하고 있습니다. 메타플랫폼스는 이러한 연구 그룹을 통해 AI 모델을 개발하고 개선하고 있습니다.
- 강력한 플랫폼: 메타플랫폼스는 페이스북, 인스타그램, 왓츠앱 등 강력한 플랫폼을 보유하고 있습니다. 이러한 플랫폼은 AI 모델을 배포하고 사용자에게 서비스를 제공하는 데 사용됩니다.

메타플랫폼스의 이러한 경쟁력은 AI 기업으로서 메타플랫폼스가 경쟁력을 유지하고 성장하는 데 도움이 될 것으로 예상됩니다.

앞서 소개한 최근 1년간 '글로벌 3대 AI 학회'에서 채택된 논문 수에서 메타플랫폼스는 211건으로 2위 마이크로소프트(267건) 다음으로 3위를 차지한 바 있습니다. 특히 메타플랫폼스가 AI를 통해 이용자들을 인스타그램이나 페이스북과 같은 플랫폼에 어떻게 오래 머물게 하는지는 직접 써보면 알 수 있는데요. 바로 '디스커버리 엔진'의 경쟁력입니다. 이는 이용자들에게 딱 맞는 콘텐츠를 추천하는 데 사용되는 AI 시스템으로 이용자의 관심사, 검색 기록, 친구 및 가족의 활동 등 다양한 요소를 고려하여 생성하는 것으로 알려져 있습니다. 디스커버리 엔진을 통해 메타플랫폼스의 광고 수익이 좌우될 수 있으니 메타플랫폼스의 AI 기술에 대한 연구개발과 실제 적용은 대단히 중요한 경쟁력입니다. 실제로 웰스파고 애널리스트는 다음과 같이 추천 사유를 언급하기도 했습니다.

"인공지능 기반 알고리즘 내의 최적화가 향후 회사에 이익을 줄 수 있다. (중략) 메타플랫폼스는 최근 추천 모델을 확장하는 데 있어 AI 발전이 릴스(Reels) 시청 시간을 15% 증가시켰다".

물론 메타플랫폼스는 오픈AI의 GPT, 구글 바드에 필적할만한 생성형 AI 모델 개발에도 박차를 가하고 있습니다. 이미 마크 저커버그 CEO는 지난 2월 메타플랫폼스의 생성형 AI 언어 모델이자 챗봇인 '라마(LLaMA)'와 그에 대한 오픈소스를 일부 공개한 바 있습니다.

　메타플랫폼스의 주가는 챗GPT 출시 이후 엔비디아 다음으로 큰 폭의 상승세를 나타냈습니다. 다만 '까마귀 날자 배 떨어진 격'으로 생성형 AI 열풍 영향도 일부 받았겠지만, 인력 구조조정에 따른 비용 절감 효과가 주가에 보다 긍정적으로 작용한 것으로 파악됩니다. 메타플랫폼스의 가치평가 지표는 역사적 저점에서 바닥 탈출에 성공했으나, 아직까지 AI 프리미엄이 충분히 반영되지는 않은 것으로 보입니다. 이에 반해 장기 이익 전망은 상향조정 중인 점을 감안하면 AI 프리미엄이 점차적으로 반영될 것으로 기대합니다.

| 메타플랫폼스의 PER |

출처: 블룸버그

| 메타플랫폼스의 PSR |

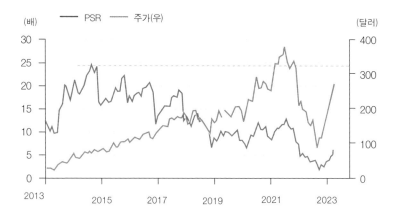

출처: 블룸버그

| 메타플랫폼스의 이익 전망 |

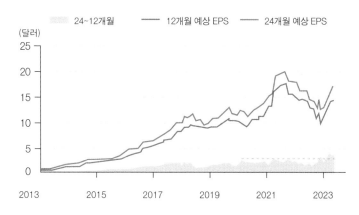

출처: 블룸버그

| 06 | 어도비

디자인 소프트웨어와 AI의 강력한 융합

 AI 부문 관점에서 어도비를 평가해줘.

어도비는 AI 분야에서 강력한 경쟁력을 갖추고 있습니다. 어도비는 AI를 활용하여 기존 제품 및 서비스를 개선하고 새로운 제품 및 서비스를 개발하고 있습니다. 예를 들어 어도비는 AI를 활용하여 포토샵과 같은 이미지 편집 소프트웨어의 기능을 향상시키고, 프리미어 프로와 같은 동영상 편집 소프트웨어에 AI 기반 기능을 추가하고 있습니다. 또한 어도비는 AI를 활용하여 새로운 제품 및 서비스를 개발하고 있습니다. 예를 들어 어도비는 AI 기반의 챗봇인 어도비 센세이(Sensei)를 개발하여 고객 서비스를 개선하고 있습니다.

어도비의 AI 경쟁력을 평가해보면 다음과 같습니다.

- 기술력: 어도비는 AI 분야에서 강력한 기술력을 보유하고 있습니다. 어도비는 AI 분야에서 세계적인 수준의 연구 개발 인력을 보유하고 있으며, 다양한 AI 기술을 보유하고 있습니다.
- 투자: 어도비는 AI를 활용하여 기존 제품 및 서비스를 개선하고 새로운 제품 및 서비스를 개발하는 데 적극적으로 투자하고 있습니다. 어도비는 AI에 대한 투자를 확대하고 있으며, AI를 활용하여 기업 고객과 소비자에게 새로운 가치를 제공하고 있습니다.
- 혁신: 어도비는 AI를 활용하여 새로운 제품 및 서비스를 개발하는 데 적극적입니다. 어도비는 AI 기반의 챗봇인 어도비 센세이를 개발하여 고객 서비스를 개선하고 있습니다.

어도비는 AI 분야에서 강력한 경쟁력을 갖추고 있으며, 앞으로도 지속적으로 성장할 것으로 예상됩니다.

'포토샵'으로 유명한 어도비(Adobe)를 단순한 디자인 소프트웨어 기업으로 이해하기 쉽습니다만, 이러한 생각은 이제 절반은 맞고 절반은 틀리다고 볼 수 있습니다. 본래 어도비는 디자인 소프트웨어의 최강자로서 포토샵, 프리미어 프로, 일러스트레이터, 아크로뱃 등을 제공했는데, 기존 서비스와 AI 기술이 빠르게 융합되면서 클라우드를 기반으로 디자인 관련한 AI 솔루션을 제공하는 AI 서비스용 소프트웨어(SAAS) 기업으로 급속도로 진화하고 있습니다. 이러한 변화는 2017년 어도비 센세이(Sensei)라는 AI 솔루션을 제공하면서 시작되었는데요.

어도비 센세이를 통한 대표적인 서비스인 크리에이티브 클라우드를 소개하면 안면인식 이미지 편집(Face Aware Editing), 서체 인식(Font Recognition) 등이 적용되고, 특히 영상 편집 시 건너뛰는 컷 전환을 자연스럽게 만들어주는 '모프컷(Morph Cut)', 자동 립싱크를 지원하는 '캐릭터 애니메이터(Character Animator)', 사진 검색(Photo Search), 굴곡 툴(Curvature Tool), 리믹스(Remix) 등이 있습니다. 그리고 생성형 AI를 통한 클라우드 기반 이미지 생성 서비스인 어도비 파이어플라이(Firefly)를 시작했는데 선발 업체인 미드저니(Midjourney)와 달리(DALL-E)에 비해 후발 주자이지만 어도비의 시장지배력을 감안한다면 기존 서비스와의 융복합 시에는 상당히 위력적일 것으로 보입니다. 특히 기업 고객을 대상으로 AI

기술을 활용하여 기존 디자이너의 효율성 증진과 일정 수준의 대체 효과까지 확대될 수 있는 점은 중장기적으로 주목해야 할 것입니다.

다만 챗GPT 등장 이후 어도비의 주가 회복은 여타 AI 기업에 비해 도드라지지는 않았습니다. 가치평가 지표인 PER, PSR 모두 AI 기업으로서의 프리미엄이 아직 본격적으로 반영되지 않았지만, 미래 이익 성장은 지속 중일 것으로 전망되기 때문에 중장기 투자자에게는 하나의 대안이 될 것입니다.

| 어도비의 PER |

출처: 블룸버그

| 어도비의 PSR |

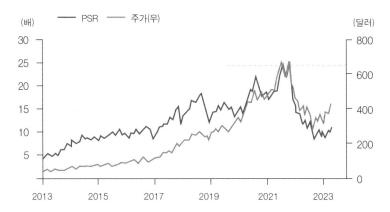

출처: 블룸버그

| 어도비의 이익 전망 |

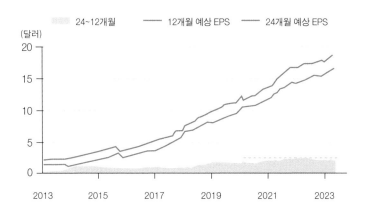

출처: 블룸버그

4

- 생성형 AI 최적화 기업 -

| 07 | 테슬라

자율주행은 AI와 함께

 AI 부문 관점에서 테슬라를 평가해줘.

Bard

테슬라는 AI를 활용하여 자율주행 자동차를 개발하고 있고, AI 분야에서 강력한 경쟁력을 갖추고 있습니다. 테슬라의 자율주행 자동차는 세계에서 가장 앞선 기술을 보유하고 있으며, 자율주행 자동차 분야에서 선두 주자로 자리매김하고 있습니다.

테슬라의 AI 경쟁력은 다음과 같은 요인에서 비롯됩니다.

- 기술력: 테슬라는 AI 분야에서 강력한 기술력을 보유하고 있습니다. 테슬라는 AI 분야에서 세계적인 수준의 연구 개발 인력을 보유하고 있으며, 다양한 AI 기술을 보유하고 있습니다.
- 투자: 테슬라는 AI를 활용하여 자율주행 자동차를 개발하는 데 적극적으로 투자하고 있습니다. 테슬라는 자율주행 자동차에 대한 투자를 확대하고 있으며, AI를 활용하여 자율주행 자동차 분야에서 선두 주자로 자리매김하고 있습니다.
- 혁신: 테슬라는 AI를 활용하여 자율주행 자동차를 개발하는 데 적극적입니다. 테슬라는 자율주행 자동차를 개발하여 자동차 산업에 혁명을 일으키고 있습니다.

테슬라는 AI 분야에서 강력한 경쟁력을 갖추고 있으며, 앞으로도 지속적으로 성장할 것으로 예상됩니다.

사실 테슬라의 일론 머스크 CEO는 챗GPT를 만든 오픈AI의 공동 창업자였습니다. 그런데 지금 와서 결과론적으로는 매우 아쉽게도 머스크 CEO는 지난 2018년 오픈AI 이사회에서 전격 사임하면서 보유 지분도 모두 처분했습니다. 테슬라의 자체 AI 연구를 진행하면서 오픈AI와의 이해 상충 관련 우려 때문이었습니다. 그런데 챗GPT가 이렇게 생성형 AI의 선봉장으로 도약하고, 마이크로소프트의 대규모 지분이 투자될 수순임을 감안하면 매각 시기가 참으로 아쉽기는 합니다. 그 아쉬움을 달래느라 머스크는 미국 네바다주에 AI 전문 기업 엑스닷에이아이(X.AI)를 설립했습니다. 머스크는 AI 연구진과 엔지니어들로 이뤄진 팀을 구성했고, 민간 우주기업 스페이스X의 투자자들과 AI 기업 관련 투자 논의에 착수한 것으로 알려져 있습니다.

물론 테슬라는 해마다 'AI 데이'를 개최할 만큼 혁신 기술 중에서도 AI에 대해서 진심인 기업입니다. 지난 'AI DAY 2022'에 공개했던 휴머노이드 로봇인 옵티머스(Optimus)는 다소 실망스러운 부문도 노출했지만, 하드웨어보다도 신경망 네트워크에 기반한 오토파일럿(Autopilot)의 소프트웨어 기술이 주목되기도 했습니다. 자율주행 기능을 위한 데이터 수집과 자동제어, 3차원 영상복원 등을 위한 최적화된 연산을 최단 시간에 내려야 하는 특성을 고려할 때 테슬라에게 AI 기술은 핵심 역량이 될 수밖에 없습니다. 자율주행 기술과 AI 기술은 상호보완적인 기술인 것입니다.

다만 테슬라의 전기차 가치사슬상 AI 기술을 분리되는 개별 모멘텀으로 보기 힘들고, 현재 주류로 부각 중인 '생성형 AI'와 자율주행 중심의 테슬라가 가지고 있는 연결고리 역시 앞서 소개한 기업보다는 다소 약한 편이라고 판단합니다. 물론 테슬라의 자율주행과 직간접적으로 특화될 AI 부문은 앞으로도 늘어날 것이란 점에서 장기적이고 융복합적인 AI 모멘텀으로 판단하여 '생성형 AI 최적화 기업'으로서 포트폴리오에 일부 반영하는 전략이 바람직할 것입니다.

| 테슬라의 PER |

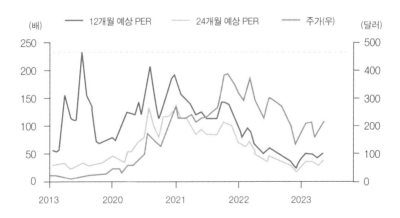

출처: 블룸버그

| 테슬라의 PSR |

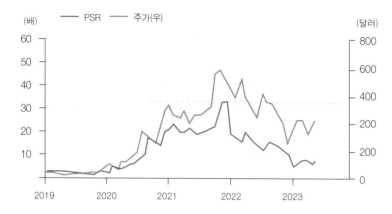

출처: 블룸버그

| 테슬라의 이익 전망 |

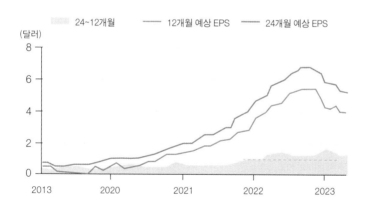

출처: 블룸버그

인공지능에
투자하고
싶습니다만

1판 1쇄 인쇄 2023년 7월 5일
1판 1쇄 발행 2023년 7월 12일

지은이 곽민정, 곽병열
펴낸이 김기옥

경제경영팀장 모민원 기획 편집 변호이, 박지선
마케팅 박진모
경영지원 고광현, 임민진
제작 김형식

표지 디자인 투에스
본문 디자인 Cre.8ight
인쇄·제본 민언프린텍

펴낸곳 한스미디어(한즈미디어(주))
주소 121-839 서울시 마포구 양화로 11길 13(서교동, 강원빌딩 5층)
전화 02-707-0337 팩스 02-707-0198 홈페이지 www.hansmedia.com
출판신고번호 제 313-2003-227호 신고일자 2003년 6월 25일

ISBN 979-11-6007-937-1 (13320)